华大讲堂

Top Forum of Huaqiao University 2012

主　编/陈庆宗　张禹东
副主编/赵小波　王松柏　庄仁哲

社会科学文献出版社
SOCIAL SCIENCES ACADEMIC PRESS (CHINA)

第27讲,3月27日,裴长洪主讲"学习政府工作报告与当前经济形势"。图为时任华侨大学党委书记李冀闽为裴长洪颁发华侨大学兼职教授聘书。

第28讲,4月17日,保育钧主讲"中国民营经济的昨天、今天和明天"。图为泉州市委常委、政法委书记许昆贞为保育钧颁发"华大讲堂"主讲嘉宾纪念牌。

第29讲，5月14日，龚维斌主讲"社会转型发展与社会管理创新"。图为报告会现场，龚维斌与听众互动，华侨大学副校长张禹东主持报告会。

第30讲，6月21日，张铭清主讲"台湾局势与两岸关系"。图为泉州市委常委、纪委书记沈耀钦为张铭清颁发"华大讲堂"主讲嘉宾纪念牌。

第31讲，9月25日，李君如主讲"中国特色社会主义道路研究"。图为时任泉州市委书记徐钢向李君如颁授"华大讲堂"主讲嘉宾纪念牌。

第32讲，10月23日，汤锦台主讲"全球视野下的闽南文化"。图为华侨大学校长贾益民向汤锦台赠送"华大讲堂"演讲合辑。

第33讲，12月11日，张宇燕主讲"世界经济与中国发展的国际环境"。图为泉州市人大常委会主任陈海基向张宇燕颁发"华大讲堂"主讲嘉宾纪念牌。

"华大讲堂"首次走出华侨大学校园，在中国闽台缘博物馆报告厅举办第32场报告会。

前　言

"华大讲堂"是中共泉州市委、泉州市人民政府和华侨大学在推动经济社会发展、引领社会文化潮流和贯彻落实科学发展观的过程中，联袂打造的公益性高端学术文化讲坛。

自 2009 年 3 月启动以来，"华大讲堂"共举办 33 场报告会，出版了"华大讲堂"系列报告 3 辑，深受机关干部和学校师生的喜爱。2012 年，"华大讲堂"共举办 7 场报告会。为让更多的人有机会分享这些精彩报告，经专家应允，我们将专家的讲演报告集结成册，编辑出版《华大讲堂2012》一书，这也是"华大讲堂"系列报告第四辑。

本辑收录了中国社会科学院经济研究所所长裴长洪、中华民营企业联合会会长保育钧、国家行政学院社会和文化教研部主任龚维斌、海峡两岸关系协会副会长张铭清、中共中央党校原副校长李君如、纽约两岸历史文化研究室主任汤锦台、中国社会科学院世界经济与政治研究所所长张宇燕等7位专家2012年莅临"华大讲堂"所作专题报告的讲稿，内容涵盖中国经济形势、民营经济、社会转型、发展道路、闽南文化、国际环境等，对社会热点难点焦点问题进行了深度解读，产生了较大反响。他们都是在各自专业领域颇有影响的权威专家，在相关领域的理论与实践中也多有建树。他们的演讲，具有宽阔的国际视野和浓厚的时代气息，既有深入浅出的理论阐述，又有丰富翔实的调研数据，不仅内容充实、分析精辟，而且与国际国内的变化发展紧密结合，对理论研究和实际工作都有很强的指导性和启发性。

"华大讲堂"是一个开放性的论坛。每场报告会都有当地干部群众和高校师生慕名前来听讲，一些境内外的专家学者也主动表达了参与的愿望；每场报告会都通过网络、视频、有线电视进行现场直播和微博实时图文播报；在报告会的互动环节，听众与专家现场问答交流，充分体现了讲堂的思想性和学术性。此外，泉州市"学习在线"开辟了"华大讲堂"专栏，华侨大学开通了"华大讲堂"专题网站，并与中国改革网等重要网站链接。这些都进一步提升了"华大讲堂"的社会影响力。"华大讲堂"的高端品位得到社会各界的高度赞赏和积极评价，其品牌效应已逐渐凸显，在国内学术文化界已具有一定知名度。"华大讲堂"的精彩报告让听众们享受到一场场思想文化盛宴。

前言

"华大讲堂"是泉州市和华侨大学合作共赢的典范。"华大讲堂"的举办，进一步提升了泉州的城市品位和华侨大学的学术感召力，扩大了泉州市和华侨大学在海内外的知名度和影响力；"华大讲堂"已成为泉州市和华侨大学紧密联系的纽带和密切互动的平台，也成为建设学习型社会和学习型组织的重要载体。

"邀硕彦阐扬新学新知新观念，促校地发展更好更快更和谐。"主办双方搭建"华大讲堂"这一平台，旨在发挥高校学术资源和文化高地的优势，广邀国内外各界各领域的著名学者、专家和高层人士，为广大干部群众和学校师生提供最新的理论、最权威的信息，传播新思想、新观念，以启迪思维，开阔视野，为促进发展提供精神动力和智力支持。主办方将坚持"华大讲堂"的创设宗旨，进一步加强合作，积极创新，努力把"华大讲堂"办出特色、办出水平，打造成海峡西岸经济区一个熠熠闪光的品牌。

让我们共同努力，共同期待！

编　者

2013 年 10 月

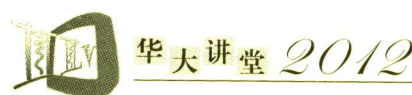

目录
CONTENTS

学习政府工作报告与当前经济形势 …… 裴长洪 / 3

中国民营经济的昨天、今天和明天——
    民营经济任重道远……………… 保育钧 / 41

社会转型发展与社会管理创新………… 龚维斌 / 79

台湾局势与两岸关系…………… 张铭清 / 115

目录 CONTENTS

中国特色社会主义道路研究——学习胡锦涛

    总书记"7·23"讲话的体会 …… 李君如 / 151

全球视野下的闽南文化 ……………… 汤锦台 / 193

世界经济与中国发展的国际环境——从十八大

    看中华民族的伟大复兴 ………… 张宇燕 / 233

后　记 …………………………………………… / 255

裴长洪简介

裴长洪 研究员,中国社会科学院经济研究所所长兼党委书记。长期从事国际贸易与投资、金融与服务经济领域的研究工作,其博士论文《利用外资与产业竞争力》于2000年获得国务院学位委员会和教育部颁发的全国百篇优秀博士论文奖。2003年以来在《中国社会科学》《求是》《人民日报》《经济研究》《中国工业经济》《财贸经济》《国际贸易》等重要报纸杂志发表论文数十篇;同时在国内外英文期刊发表英文论文十几篇,其中多项研究成果获得原外经贸部、商务部和中国社会科学院颁发的荣誉奖项。1996年获得国务院特殊津贴,2005年入选中宣部"四个一批"人才工程。

曾担任中国社会科学院外事局局长5年、中国社会科学院财政与贸易经济研究所所长6年,获得三项国际交流荣誉称号:2000年10月被俄罗斯科学院远东研究所授予名誉博士称号,2001年4月被俄罗斯自然科学院授予外籍院士荣誉称号,2001年7月被美国肯塔基州州长帕顿(Paule Patton)授予该州荣誉称号——"肯塔基上校"。2003年2月至2004年9月还曾挂职浙江省杭州市人民政府副市长,分管经济体制改革、政府法制、外事以及政府金融工作。

2005年5月31日为第十六届中央政治局第22次集体学习讲解专题"经济全球化与国际贸易发展的新特点";多次参加国家重大问题的调研,包括参加起草和讨论修改政府工作报告;多次参加国家发改委、商务部、国家外汇管理局领导主持的专家座谈会,参与讨论有关领域的政策问题;还曾为解放军总后勤部、海关总署、保监会、湖南省委、江苏省委、吉林省委、浙江省委、青海省委、广州市委、杭州市委、上海市委等地方党委理论中心组学习讲解有关经济问题的专题。

学习政府工作报告与当前经济形势

裴长洪　　2012年3月27日

很荣幸今天下午来到华大讲堂和大家进行交流。现在全国上下都在学习和贯彻两会的精神,我有幸参加了从去年中央经济工作会议到今年的政府工作报告的起草工作,作为起草组成员,政府工作报告的精神比大家早学了那么几天,所以有一些体会在这里跟大家分享。我说的是我个人的意见,并不代表起草组的意见,当然,也并不代表社科院和经济研究所的意见,只是我个人学习的理解,说得不对请大家指正。主要讲几个问

题：一讲今年政府工作报告的最主要特点，二讲当前国内外经济形势，三讲为什么我们还处于有利的发展机遇期，四讲国际经济形势，五讲今后改变的趋向。

一 2012年政府工作报告的最主要特点——协调和统筹

从政府工作报告来讲，这几年的工作报告和以往相比，把时间点往前推了五六年，因为那时候的政府工作报告更多的是关注经济问题，是经济政策和经济增长问题，现在的政府工作报告越来越强调和注重协调统筹，这是我个人的体会。这是个最主要的特点。当然，政府工作报告一些指标在总结2011年的时候，讲了五个方面的成就。其中，讲了2011年作为"十二五"开局之年，这个开局是良好的。GDP增长的速度、规模世界领先，财政收入提高，粮食产量1.14万亿斤，这是很不容易的。我们是连续八年增长的。新中国成立之后六十几年的历史中，当然不是唯一的一次，但也是少有的那么一两次，20世纪50年代有过一次。物价上涨的幅度和收入都还是不错的。提到2012年的指标，现在国内外媒体议论得很多，讲我们把经济速度降下来，7.5%的经济增长速度。但是其他的指标，像城镇化率、就业率仍然是很重要的指标，这个比往年并没有降低。财政预算的安排跟往年相比，仍是积极的财政政策，但财政赤字比去年小了一些。货币增长速度也没有明显的提高趋势，仍然保持稳健的态势。

从经济工作来看，总结2011年的工作讲到五个方面。第一、第二讲的是经济工作，其他方面讲的是社会建设和改善民生。讲经济工作的时候，也是讲协调。首先，把控制物价上涨和促进经济平稳快速发展作为最重要的内容；其次，把转变经济发展方式和各方面的协调联系起来，比如说把农业和基础设施、产业结构、节能减排、环境建设等加以联系。讲到2012年经济工作的时候，对协调性的要求就更高，讲的是要稳定增长、控制物价、调整结构，讲的是扩内需，同时要稳定外需，注重实体经济的发展。

那么，2012年的政府工作讲了什么呢？讲了九项工作。其中，一到四项讲经济工作：一是经济较快发展主要是扩大消费需求，同时要优化投资结构；二是要保持物价总水平稳定，要保障生产，增加供给，包括流通；三是"三农"工作；四是加快转变经济发展方式。总结2011年工作时，更多地讲到了社会各方面的统筹，以及社会建设、改善民生。比如说第三个问题讲到大力发展社会事业，并取得了很大的成就，特别是科教文化事业，城乡医疗保险的参保人数、覆盖率，讲到了改善民生的就业问题、农民收入问题、保障房建设问题等等。讲到2012年社会经济统筹的时候用了更多的篇幅，从第五项到第七项都是讲社会建设、改善民生。最后是讲深化改革和扩大对外开放。

总结2011年深化改革的重点，是突出医疗卫生体制改革和文化体制改革，对经济社会发展注入新的活力。讲对外开放时，重点是"引进来"和"走出去"。关于2012年的改革工作，主要讲收入分配改革与财税体制改革，财税重点讲了营业税改增值税。就是原来的第三产业也就是服务业在某些产业进行试点。营业税改增值税，就是现在要扩大范围。讲了金融改革、所有制改革是要扩大民间资本进入垄断行业，等等。对外开放过程中要稳定出口增长，扩大进口。今年政府工作报告与以往不同的是，稳定出口增长方面讲了比较长的一段，重点是稳定对外贸易特别是出口政策，也讲了要扩大进口，优化贸易发展方式。政府工作报告都发表了，在此就不细说。我感觉和以往相比，最大的特点是突出协调统筹，不仅仅是论经济的问题，也是讲经济社会如何统筹协调发展。

二　当前国内经济形势

第二个问题讲讲当前的经济形势。

讲当前的经济形势，我们首先要回顾2011年的投资和消费情况，应该说都是保持了比较快的增长速度，全社会固定资产达到31万亿元，增长了23.6%。这和以往相比当然是回落的，2010年时，固定资产投资速度达到了23.8%，占比是很高的。2011年也很高，31万亿元，GDP是47万亿元，投资就有31万亿元。社会消费品零售总额18万亿元。但是，我们计算GDP是用GDP基础法。用基础法计算最终资本的形成，它和我们以往固定资产投资的契合度比较高。但是最终消费支出这一项——社会消费品零售总额，并不等于全部的消费支出，社会消费品零售总额只是最终消费支出的一部分——当然是大部分，最终消费支出里面还有一项内容是服务消费。所以我们看这个指标——社会消费品零售总额当然很重要，但并不是最终消费的全部。现在到底服务消费怎么统计，这是我们的新问题，特别是转变经济发展方式要让消费在经济增长中起更大作用。很重要的是要考量服务消费能占多大比重，它的增长速度是多快，但这个没有经常性指标。所以社会消费品零售总额是一方面，应该说2011年也还是增长得比较快，比上年名义上增长17.1%，扣除价格因素实际增长11.6%，这在世界上也是很少见的。

学习政府工作报告与当前经济形势

（一）改革开放以来我国商品消费增长的特点

实际上改革开放以来，商品消费的增长速度都不慢，都是10%以上，都是两位数的增长速度。

2011年的经济形势有几个特点。一是物价初步或者基本控制住了，全年涨幅是5.4%。在政府工作报告里也说了。

第二个特点是工业增长快，特别是规模以上企业的增长比较快。我一再强调"规模以上"，多少是规模以上呢？按照国家统计局的统计标准，过去是营业额在500万元以上的，现在规模以上的标准提高到2000万元。规模以上的企业是比较好的，因为进入了国家统计的视野。增长速度达到10.7%，规模以上工业增加值同比增长了13.9%。国有控股企业、外资企业都增长得比较快，只要是规模比较大的，无论什么所有制，在2011年都表现得不错。从行业来看，有些行业还是增长得比较快的，如专用设备制造业、通用设备制造业、通信、计算机、电子设备、电气机械等高新技术制造业，都增长得比较快。一些六大高耗能行业也增长得不慢。比如说非金属矿物的增长，像泉州市的石材恐怕也属于这一类，像化学制品、有色金属、冶炼都是增长比较快的，这也说明节能减排任务艰巨。而且大多数工业行业是赢利的，39个工业大类就有38个是赢利的。这些企业利润也是在增长的，这是第二个特点。工业增长比较快，所以才能支撑GDP 9.2%的增长速度。

第三个特点是保障房的投资成为新的亮点，但是对全国固定资产投资拉动有多大呢？从我个人收集的资料看，拉动得不是特别明显。因为2011年保障房投资安排是1000万套，中央财政的专项资金是1700亿元，平均一套不到2万元，主要是靠地方。最后，原来设想这 1000 万套要 1.3 万亿元，2011 年保障房实际上没有花到 1.3 万亿元，因为整个 2011 年的房地产投资是 6.1 万亿元。6.1 万亿元里面保障房投资是多少呢？计算一下可能是 5000 亿元到 7000 亿元，这些保障房有的开工了，但是投资还有待落实。所以 2012 年的保障房投资落实任务还是比较艰巨的。

第四个特点是汽车消费退缩得很明显，全社会消费实际上跟 2010 年比是减速的。汽车消费增长正值国际金融危机期间，2009 年中国的汽车销量一下子达到了 1200 万辆，成为世界第一。2009 年国家出台了很多政策，像以旧换新、家电下乡等等。2009 年 1200 万辆，2010 年达到 1800 万辆，增长速度很快，2011 年就没有那么快了，当然也不可能年年都那么快。但是，因为 2011 年有些政策已经到期了，效果递减，再加上 2011 年国家的房地产调控等因素造成汽车销售退缩比较明显。在 2011 年的消费当中增长较快的是金银珠宝这一类。

第五个特点是进出口增长速度回落，贸易顺差下降，降到 1500 亿美元左右，也就是中国从 2009 年开始，2009 年、2010 年、2011 年连续三年，对外贸易顺差连续三年下降，现在已经降到占国内生产总值的 2% 以内。商品与服务进出口对经济增长的贡献是负数，就是说出口这一块对经济增长是没有贡献的，是负贡献。换一句话说，这三年中国 GDP 无论多少都是靠内需拉动的，是靠国内投资和消费拉动的，外需这一块是负的。所以说，这三年的经济增长是靠内需。

（二）当前经济运行中的问题

当前经济运行中有些什么问题呢？

首要问题还是物价问题，阅读政府工作报告大家可以看到，虽然

今年的物价问题没有像去年那样,去年是列为首要问题,今年提的是稳增长,控物价放在第二位。但是并没有把它说得很轻松,也就是说不可以忽视。原因是虽然物价上涨的势头得到有效控制,但是有很多深层次问题或者说我们控制不了的问题还没有解决。什么是深层次的问题呢?主要是食品生产流通问题。食品的生产流通这个深层次问题不是短期内能解决的,食品生产流通一方面是规模小,是家庭经营的;另一方面,主要是流通环节非常长非常多。城市的供应,相互之间,两头的信息不对称,以及流通环节成本高等问题并没有完全得到解决;加上我们现在处于劳动力成本大幅度上涨时期,而农产品基本上是劳动密集型产品,所以说它价格上涨的内在动力是货币问题;再加上今年要推出资源价格改革,特别是今年二月份的成品油价格上调,所以CPI二月份是3.2,到三月份就有可能是3.4。如果我们在资源价格方面,像电、油、气、水这些资源品,都要深化改革、调整价格的话,可能对价格会有一定的推动,出现价格上涨的局面。

第二个问题,过去应对价格上涨的政策基本是用货币政策,不断收紧银根。但这样做在去年它是有效的,今年是不是继续有效,这也很难说。不能说它完全无效,但是可能这种效果会递减。因为现在的物价问题很复杂,不完全是货币因素导致的,刚才我讲还有成本推动的因素,而且还有输入型通胀的因素。从今年来看,国际大宗商品价格有继续上升的势头,特别是一月份以来的石油、有色金属,这些商品价格都开始回升,尤其是石油价格上涨得很明显。美国在伊朗的霍尔木兹海峡制造了紧张气氛以后,石油价格又有进一步上升的苗头。也有人预言,如果霍尔木兹海峡真的打仗,石油价格很有可能会涨到145美元/桶,那就很高了。所以国际油价的走势是有这种翘尾的因素。像金属矿物,一直都是我们要大量进口的。

第三个就是节能减排的任务还是很艰巨的。尽管2011年淘汰了大量高耗能、高排放的产能,但是现在单位GDP能耗下降幅度还是不太理想。因为按照"十二五"规划的要求,单位GDP能耗每年要下降3.5%,这是我们的目标。要达到这个目标任务还是很艰巨的。刚才我说工业增长的一些行业还是高耗能、高排放的行业,那么这种高耗能、高排放的行业增长快,说明它有市场、有利润。所以这些行业继续增长的势头就很强劲,这对节能减排就会造成压力。

第四个问题就是小微企业经营困难,融资难,存在债务风险。刚才我讲到工业增长快的时候一再强调是规模以上企业,为什么我没有讲"规模以下"呢?因为规模以下企业目前在统计中得不到反映。国家统计局关于规模以下工业企业,包括第三产业服务业的企业,到底整体状况如何,没有信息评估,没有数据。也就是说,营业额在2000万元以下的工业企业到底怎么样,没有信息评判依据。所以大家在看到这些数字的时候,当然也要一分为二。当然确实有好的一面,但是不好的一面,有的可能没有反映。像地方政府有的会有自己的统计,比如说省一级、市一级,有专门的小微企业或中小企业办公室,会作一些统计。应当说这还是比较困难的,因为数量比较大。比如说广东省,规模以上工业企业就上万户,那么规模以下的是多少?有100万户。户数虽然多,但不见得增加值多,也不见得就业人数多,但户数确实多。像浙江省,2011年这些小微企业前九个月就注销了2.5万家。当然每年小微企业的注销都有。一方面注销,一方面又注册,每年都这样,但是数量还是比较大的。这就说明小微企业生存不容易。这些企业消化成本的能力比较差,加上2011年资金的价格高(贷款利息高），它们负债偿债的能力比较差，因为这几年生产成本确实是明显上升。就以出口贸易企业来讲，出口贸易的综合成本，像土地、工资、原材料、人民币汇率，都在上涨。而且小微企业要想得到银行金融服务相当困难，所以造成资金的价格非常高。因此，出现了民间借贷。这个大家都知道，温州的民间借贷规模达到1100亿元，这是人民银行的统计数据。事实上是不是这样子？还不知道，可能只会大，不会小，我认为。这就使一部分企业非常困难。根据温州市经贸局的数据，像温州的眼镜、打火机、制笔、锁具这些出口导向型企业的利润同比下降三分之一，亏损的占四分之一多，只有30%的企业利润能够保持增长，行业的平均利润率仅仅是3%，很低。就是小微企业经营很困难，我估计这种情况在各地不同程度都存在，包括泉州也都存在。

第五个问题是经济风险隐含的地方政府债务。地方债务有多大呢？到2010年底，审计署做过一次审计，大概全国省、市、县三级地方政府的综合性、政府性债务是10.7万亿元，大概是这个数值。从偿债的年度看，今年、明年、后年分别有17.2%、11.4%、9.3%要到期。也就是说，今年是第一个偿债的高峰期。地方政府的债务主要是靠土地收入，信用也是靠土地收入，在目前的情况下——房地产调控的这种形势下，土地流拍的现象很普遍，土地财政收入不景气。在这种情况下，显然地方政府的偿债能力也是有问题的。当然，我相信即便一些地方政府偿债能力下降，地方政府破产也是不可能的。但这毕竟是一个问题，经济因素就是一个问题，至少出现了地方政府负债。没有办法偿还债务，对于正常的财政收支、经济运行会产生不利的影响，至少是这样。

去年12月召开的中央经济工作会议强调"稳中求进"，这个大家都知道。"稳"不仅仅强调的是增长速度要稳，它主要讲的是政策要稳定。它讲的"进",关键是转变经济发展方式,调整经济结构。它要求"进","进"是什么意思?要抓住用好这个战略机遇期,经济发展方式转变和深化改革取得新的突破,改善民生要有新的成效。"进"指的是这些,不强调增长速度,所以今年增长速度就放慢到7.5%。

(三)有利于投资和经济增长的刺激因素

那么,今年中国的经济发展趋势会怎样?从有利于投资和经济增长的刺激因素来讲,我这里归纳了几条。

第一个因素就是"十二五"进入第二年。按照以往五年发展规划和五年计划的历史经验来看,一般来讲,第二年都是花钱的年头,投资要在第二年大量落实。第一年很多是论证、安排、部署,第二年要落实。比如说保障房虽然安排700万套,但要求今年完成500万套,去年是完成了440万套。今年要求完成500万套,投资要落实,投资不落实是完成不了的。所以第二年一般是增加投资的年份。

第二个因素是国家安排了战略性新兴产业,出台了各种各样的政策。这些政策也都要在"十二五"的第二年依次逐步落实,否则这些规划都落实不下去。这些政策实际上也都是增加投资的因素。

第三个因素是中西部正在承接东部产业转移,成为经济增长的新亮点。最近两三个月,我们在有关部委的组织下到一些中部省区去考察调研,发现从投资、从GDP增长来讲,现在逐步出现中部快于东部的现象。一些省区,像湖北、内蒙古、山西、河北这些省区,现在投资增长速度都非常快,GDP增长速度也比较快。现在最慢的是那些最发达的省份,像上海、北京,包括浙江、广东,投资增长得很慢,这些地方的领导现在也很苦恼。怎么办?按照原来的那套指标考核,那我们成了后进了，所以你叫我们转型升级就要有一套新的指标。我们现在也在作转型升级的研究。这个地区企业、产业升级无论是用投资来考核，还是用GDP来考核，都上不去，那是不是意味着就落后了？不一定。那要看用什么指标来考核，这是一个新问题。经济研究所包括社科院考虑对发达地区作一些综合性研究，要提出一些新的指标。但是确实中部地区，包括四川、重庆增长速度很快，就把原来东部投资放慢、GDP增速放慢这一块补上来，包括外贸。

第四个因素是扩大居民消费的体系会进一步完善，也会进一步扩大消费。国家很关注消费，但是又没有多少抓手。前两三年出台了一些刺激政策，像家电下乡、汽车下乡等等，这些政策都用过了，时间也到了。那还有哪些措施？商务部、发改委等都在研究会采取哪些新的措施。2012年的消费增长速度一般预期可能会略高一些，但是头两个月不是太理想，头两个月当然有元旦、春节的因素。从商务部监测的重点商业企业来看，消费增长不是太理想，可能会出现前低后高的现象。

（四）不利于投资和经济增长的刺激因素

除了这些对经济增长、稳定增长或者说刺激增长有利的因素以外，也有些因素是不利于增长的，限制经济过快增长。

第一是房地产调控。因为这个投资当中30万亿元主要是三部分。一部分是基础设施投资，大概要占35%。第二部分是工业制造业投资，这个比重也很大，一般要占30%。第三部分是房地产投资。房地产投资其实是这里面比例最小的。往年大概能够占到20%，就是在总投资里占23%~25%，这个比例很高。去年只有21%，不到21%，20%左右。

虽然它的比例不是最高的，但是它下来一块，对增长速度还是会有影响。去年投资增长速度下降主要受两方面因素影响：一方面是房地产，一方面是基础设施。基础设施方面，一是去年高铁项目都停了，一是核电站都停了。所以这两块就把基础设施的投资拉下来了。从今年来看，房地产增长速度不会更快。这是一个因素。工业投资的增长速度也会有所减慢，工业增长速度有所减慢。这个还要看中西部工业投资增长速度，这是第二。房地产投资肯定势头要减弱。基础设施的建设投资可能会比去年略有上升。日本核电站核事故以后，核电站项目全部叫停，进行审查。高铁项目也都停了。今年像电力、交通、水利、环境这些项目该上的恐怕还要上，因为是"十二五"的第二年，要完成"十二五"规划，该上的项目大概会在今年补上去。这样基础设施投资会拉动投资增长，会起比较积极的作用。

第二是地方财政风险。主要是地方土地市场交易，使地方政府能够拿出来作配套建设的财力受到约束。现在地方政府能够拿出来搞建设的财力主要靠土地财政，这一块今年恐怕不会有很明显很乐观的改善，它对于刺激增长也还是有局限的。

第三就是节能减排。节能减排，国务院会抓得很紧。像那些高耗能、高排放的行业，尽管增长很快，利润比较高，但是会受到限制。

第四是资源、劳动力成本上升提高了经济发展成本。这个非常明显。今年头两个月，国有企业的成本费用同比增长了16.9%。这是国家统计局最新的数据。国有企业累计实现利润总额同比下降10.9%，成本上升太快。销售净利率、净资产收益率都下降，原因就是成本，成本上升得非常快，同比上升16.9%，将近17%。现在搞建设的成本，一个是进口的所有原料、能源价格都上涨，一个是国内的劳动力、土地成本都在上升，所以是不利的。要再上项目，那就是投资量大大增加。

第五个因素是出口速度放慢。这对工业生产形成一定的压力，会导致经济增长速度放慢。出口贸易占比较大的一些地方可能更是如此，包括泉州恐怕也受这个影响。出口速度放慢对工业生产也造成影响。今年头两个月情况不好。当然，一般来讲外贸一季度看不出来，一季度都是在消化原来的订单，四、五、六月份——二季度才开始大量接单。三季度到四季度的前一两个月才大量出货。所以出口贸易增长看二季度以后，二、三两个季度。一季度是不好，去年一季度也不好。今年的出口贸易增长速度比去年低，这个无论是商务部还是专家学者，都是一致的看法，可能进一步下降，速度会进一步放慢。

第六，从信贷和融资规模来看，国家的基本政策是"稳健"，就是不冒进。今年一月份的社会融资规模不到1万亿元，比去年要少8000亿元。社会融资规模里面一部分是银行新增信贷，一部分来自商业银行以外的各种融资渠道，包括股票市场。这两块都在下降。二月份融资规模是1.04万亿元，比去年二月份多3900亿元。这俩月加起来还是比往年少，少了4000亿元。所以国家从货币来讲、信贷来讲没有采取更为刺激的做法。广义货币的增长速度只有13%，因为按照政府工作报告全年是14%，头两个月只有13%。就是在货币和信贷上的问题，中央银行采取的措施实际上还是约束性的，并没有很放开。

（五）总的经济形势前低后高

预计2012年中国经济增长会出现前低后高这样一个局面。现在已经是三月份了，从前两个月来看，固定资产投资累计增长21.5%，实际增长也不低,扣掉物价因素实际也有17.8%。制造业的投资回落了7.1%,这跟我前面的分析是一致的,就是工业投资下滑了。建筑业投资增长速度一下子提高了85.7%左右,主要影响因素是基础设施投资上去了。社会消费品零售总额是回落了,跟去年同期相比回落了,现在是4.7%。限额以上批零企业的零售增速只有15%。这都是回落的,消费都是回落的。从结构来看,回落幅度大都跟房地产销售有关。像家电、家具、建筑装潢类,金银珠宝类,今年销售下降,也不像去年。去年金银珠宝是比较火的。汽车销售也不景气。所以今年一到二月份,全国规模以上电厂的发电量不到去年的一半,发电量也是下降的,说明工业生产的产能是闲置的。工业增加值增长速度也是回落的。所以今年头两个月,可能包括一季度,形势可能跟去年一样,不是很好。但是从去年的经验看,在二季度各项指标逐步改善了。

现在关于中国2012年的经济增长速度有很多预测。当然,背景都是预测,包括国际货币基金组织,我后面会讲到。国际货币基金组织、联合国都有预测。对我们来讲,总的来讲还都是看好的。政府工作报告定的目标是7.5%,但实际上都会超过7.5%,这是我们社科院自己的预测。我出来之前刚刚参加了我们的一季度春季报告会——给国务院的报告的一次讨论,最后我们给国务院报的预测是8.7%。按增长速度下滑这样一个趋势来看,报的是8.7%。物价上涨报的是3.5%~4%。这个当然只是预测。我个人的看法,中国的经济增长速度,政府可控性很强,想叫它上去一点儿也不难,这个事情不难。如果说GDP一定要达到9%以上,不难,把信贷放宽一点就行。但是现在政府工作就是要强调统筹协调。这边GDP上去了要考虑物价能不能受得了,因为今年又准备了一大单的事情要做。这些都是物价上涨的因素，像水电改革、资源价格改革等等，另外劳动者工资还要增长，这些因素都要考虑在内。你要让它下来，有时候也还是要花点力气才能下来。所以政府报告不敢提太高，因为各地的指标都高于中央政府，特别是中西部提得高。只有北京、上海不高，因为它高不上去。我估计福建提得也高，同时它要和"十二五"规划衔接。"十二五"规划的是五年平均7%，五年只有7%，第一年去保八。保八已经提了八年，被称为"老八路"。第一年是保八，第二年如果保八，那后三年怎么提呢？五年规划说的是七，最后年年政府报告提得很高，规划不是自相矛盾吗？所以它也有一个要跟规划衔接的问题。从说法上需要衔接，实际上会高一些。邓小平在20世纪80年代初曾经在"六五"计划时讲过，说"我们定指标啊，可以留有一定余地"，让我们能够实现它，或者能够超过一些，这样最好。1982年超得太多，定的目标为4%，结果达到8%。邓小平说，又有问题啦，你定的目标是四，出现的结果是八，那么定的这个指标跟现实差太远了，这也是问题。大家注意看看《邓小平文选》（第三卷），20世纪80年代初期他老人家讲过这个问题。就是定指标这个事情也是一门学问，不能定得太高，也不能定得太低。你定得太低了，跟实际差距太大，定得太高了你达不到。所以定的指标既能实现还能超过一点，这样最好。这讲的是国内经济形势。

三 为什么我们还处于有利的发展机遇期

第三实际上讲的是战略机遇期问题。政府工作报告起草完之后，起草工作组就给了我一个任务，任务是写政府报告的辅助报告。给我的命题作文是写一篇这样的文章,就是为什么说我国处于有利于发展的重要战略机遇期,要论证。因为"机遇期"这个词在党和国家的文献里提了不止一次。我查了一下,可能从十六大以来(往前可能还有),党和国家的文献几乎每一年都讲我国处于重要战略机遇期。我个人认为这是一个重大理论问题,对形势的判断是一个重大的理论问题。再联想到20世纪70年代,那时候"文化大革命"还没结束,毛主席说几个老帅没事干,那你们几个研究研究世界形势,到底打得起来打不起来。那几个老元帅研究半天,最后跟毛主席汇报说打不起来,世界大战打不起来。这个论断很重要啊!如果说世界大战打不起来,我们干什么呀?那我们应该搞建设呀!世界大战打不起来,就得考虑我们主要的精力(包括主要的资源、财力)应当转去搞建设,但是毛主席的判断和几个老帅不一样,毛主席最后的判断是会打。所以那时候,包括70年代中期,提法叫"学习军事,准备打仗"。对外,是"学习军事,准备打仗";对内,是"以阶级斗争为纲"。那就说明对形势判断出了问题。

现在也是这样,现在政府工作报告讲了很多"世界经济艰难曲折"这样的话,尤其更多的是讲外部环境不利的话。大家看政府工作报告,包括中央经济会议的工作文件,讲到国际部分都讲的是怎么不好,怎么艰难曲折,复苏步伐怎么慢,欧债问题,美国经济怎么不景气,都是讲这个。但是,只有一句话最重要:我国发展仍处于重要战略机遇期。只有这样一句话。那么就要论证,都说怎么不好怎么不好,怎么还说我国处于重要战略机遇期呀?怎么解释?我就这个问题谈一点体会。

（一）世界经济的总体格局有利于我们和平发展

尽管说国际金融危机影响还在，世界经济复苏的进程曲折缓慢，这个是事实，但是，世界经济的总体格局，总的来讲有利于和平发展。而且报告里面讲了一句话很重要：和平、发展、合作仍然是当今时代的潮流。这句话很重要，尽管外部世界形势很复杂，包括领海问题、岛屿争端问题，国际上各种利益矛盾都存在，但是和平、发展、合作仍然是当今时代的潮流。这个是很重要的，因为现在全球性问题很多，全球性问题像生态环境恶化、粮食能源短缺、流行性疾病扩散、国际恐怖主义等等，包括超级大国，像美国处理这些问题，没有别国的合作都不可能，即便要武力干预，也要有国际上的协调。叙利亚问题、伊朗问题，最终走的仍然是国际协调这个路子。一味动武，对它也不利，一个是它要大选，再一个是真打起来美国经济复苏就完了，因为能源价格马上就上升，现在能源价格上升成为美国物价上涨的最主要推手，所以要考虑自己的利益。这就导致不可能一概都用武力解决，跟别人商量跟别人谈判都免不了。再一个，从世界上看，现在发达经济体、发展中经济体的地位已经发生了历史性变化，新兴经济体在上升。

（二）经济发展的国内宏观环境是好的

第一，工业化、城镇化、现代化这三化并举推动经济平稳较快发展。尽管遇到很多问题，但这三化并举确实是重要的推动力量，而且城镇化这个动力仍然很持久。

第二，扩大内需有很大潜力，产业结构升级会有巨大的需求潜力，城镇化也会为扩大内需提供持久动力。

第三，劳动力资源丰富，劳动要素禀赋优势依然存在。这对沿海地区还是很重要的，现在有个流行的说法就是刘易斯拐点。中国劳动力市场已经出现了求大于供，过去是供大于求，现在求大于供，就是劳动要素的优势已经不存在了，发展劳动密集型产业就没有优势了。怎么办？这是一个非常重大的判断。我个人看，就是劳动要素禀赋优势确实弱化了，但是相对优势是仍然存在的。我们就这个问题作了很多论证。从沿海地区来讲，当然现在如果说是很简单的加工，这个优势可能就会不大，但如果说是有一定的技术含量、有一定的资金投入，仍然可以形成新型的劳动密集型产业，我把它叫做新型的劳动密集型产业。当然，在内地、在中部西部，这种简单的加工优势仍然存在，不能解释为像富士康，河南去年一年就出口100亿元，今年它就要弄300亿元，它们就是从深圳搬去的，还包括内地一些省区外贸出口的增长速度非常快。劳动力市场目前的情况，这几年出现了招工难等等，这种现象的原因不仅仅是劳动力数量的问题，还有劳动力需求类型，还有劳动者预期的变化。现在"80后""90后"的工人预期很高，要求很多元，而且不在乎短暂的失业。其实整个社会自然失业率很高，有一部分人可以接受短暂失业，和20世纪80年代不一样。80年代、90年代初期只要不劳动肯定过不下去，城镇双职工家庭必须两个人就业，要不然维持不了三口之家。现在三口之家有一个人工作大概都能维持，只是生活水平高低差异而已。这就造成有一部分人能够承受短暂失业，他们可以利用这个短暂失业期来寻找更好的机会。社会这种择业选择性加强了，自然失业率也提高了。要不然解释不了像美国这样的社会现象，它经济景气时期，失业率也是5%、6%，现在是

8.3%,它最好的时候也是5%、6%,就是有些人宁可失业,因为不是过不下去,他有社会保障,工作一段时间,失业去玩一玩,然后再工作,这种现象很普遍。这就是社会发展到一定程度会出现的现象,所以中国就出现了招工难、自然失业率提高并存的现象,不是说所有人都有工作,不完全是这样,并没有充分就业,这是我的看法。中国的劳动力市场状况并不是完全能够用这个刘易斯拐点的说法来解释得通的。

第四,财政金融体系运行很稳健,社会资金比较充裕。这我就不说了。各种市场主体竞争力、经济活力都比较强。企业,当然主要是国有企业和规模以上企业,竞争力强,小的企业还不行。

(三)东、中、西部区域经济增长

东、中、西部区域经济各有各的长处,东部在继续发挥人力资本、科技创新的优势,中部、西部的要素优势、土地资源优势能够得到发挥。产业转移实现了,对经济增长起到推动作用。

(四)物质基础雄厚,宏观调控不断完善

我们的物质基础空前雄厚,宏观调控在不断完善。我们现在应当说在世界上让人比较看重。从经济规模看是第二大经济体,占全球比重,我预计达到11.3%,规模应当说是还可以了。从出口来讲,接近1.9万亿美元,占全球比重为12.3%,我预计到"十二五"末要达到15%。我曾经提过建议,出口规模到底搞多大,我个人看法是要达到20%,因为我们人口占世界比重大概是20%,出口规模达到20%是比较恰当的。因为在历史上发达国家的出口规模占世界比重都很高,曾

经达到16%。像中国这样的人口大国，13亿，将来可能还不止，占20%应当是我们的战略目标，现在离这个目标还很远。

最重要的一点，中国特色的宏观调控经验已经初步积累起来，应当说我们的政府是越来越成熟了。在转变政府职能的政治建设中，各级政府不断完善经济运行的宏观调控工具，各级政府的领导人都成为这方面的专家，宏观调控的经验也不断丰富。也可能有人会认为我这样说是不是拍政府的马屁，我不这样看，事实是这样。中国政府和全世界的政府比，世界上那些政府都是由政客组成的，有几个对经济工作很熟悉的？不多。没有一个政府像中国政府这样，天天研究经济问题，天天研究经济工作。从国务院总理到村长，村这一级的领导，作报告都是第一国际形势，第二国内形势，第三全县，第四乡里。政府的宏观调控，包括对市场的认识、对市场经济的认识，应该说这在世界上是最具有学习精神的政府，而且我们创造了宏观调控和结构调整、转变经济发展方式、体制改革、改善民生等模式。我把它总结为"一家式"，这是一个新的经验——"一家式"。通过宏观调控把转变发展方式、调整结构、体制改革、改善民生都统一起来，我们已经初步创造了这样的经验，这些都是中国特色社会主义的主要内容，我们对自己的经验，不能忽视、不能看不起。我在经济所里跟研究人员讲，我们要研究一下中国的宏观经济学，就要讲这个东西。西方的宏观经济学讲什么？完全讲的是市场运行，没有政府宏观调控，政府干预当然也有一些，但跟中国很不一样，我们的内容比较多。

学习政府工作报告与当前经济形势

四　当前国际经济形势

（一）步伐放慢

关于国际经济形势，我的基本看法是这样，简单地归纳叫做"步伐放慢"。步伐放慢，但是肯定不会衰退，这是今年一月份国际货币基金组织和联合国的预测。来看世界经济的预测数字，国际货币基金组织预测的增长率是3.3%，联合国预测是2.6%，联合国的预测比较悲观。但看对美国的预测，相对都比较乐观，国际货币基金组织预测为1.8%，联合国预测为1.5%。看欧元区，国际货币基金组织预测它仍然是负增长，联合国预测它是正增长。日本今年肯定是负数。看新兴市场，对中国的预测都还是比较乐观，国际货币基金组织预测我们是8.2%，联合国预测我们是8.7%，这和社科院的预测是一样的。巴西、印度增长情况都还可以。

所以，对于世界经济的情况，从2012年来看，至少没有比2011年更坏，尤其是近一两周以来，认为发达经济体正在变好的这种舆论多了起来。发展中的经济体、新兴市场，反倒认为没有那么乐观。从美国来看，特别是去年四季度，出现了比较快的增长，它达到3.0%，这是到今年一月份以后对美国经济相对乐观的舆论多起来的原因，相对而言，它就是缓中有升啦。看欧元区和日本，欧元区差一点，主要是欧债问题。日本在灾后重建的情况下，它会大量投资，会出现一个拉动效应。新兴经济体的增长速度有所放慢。从工业来看，发达国家工业仍然保持较快增长，特别是美国。美国：第一是制造业的活动从去年和今年来看，它还是扩张的，工业增长的原因是他们现在更注重实体经济了；第二是债务危机，主要冲击的是财政，它对于企业和居民的冲击是间接的；第三是新兴市场国家的发展对其投资品形成比较大的需求。

（二）失业率下降

近几个月最大的变化是发达国家的失业率又下降了，特别是美国和日本。美国从去年9月份以来失业率一直下降，到了今年一二月份已降到8.3%。日本的经济尽管不景气，但失业率一直不高，这个很不简单，日本、韩国的失业率都不高，都跟我们城镇的失业率差不了多少。从欧元区来看，德国比较好，德国失业率也只有5.8%，其他那些债务比较高的国家像西班牙现在达到最高点，失业率已经升到10%左右，这是欧元区的情况。金砖国家的就业情况也不错，像巴西失业率下降到4.7%；印度虽然没有失业率的统计，但它的工资是上涨的，工资上涨说明它的供需增加；从俄罗斯来讲，目前也是很不错的，它的失业率也是在下降。

（三）国际贸易趋缓

世界贸易的增长是趋缓的。对于世界贸易，国际预测都不乐观。表1中国际货币基金组织预测只有百分之三点几，联合国预测只有百分之四点几，WTO现在没有预测。从世界贸易来讲，出口进口都加起来算，要比往年平均进出口增长率多6%，外部环境不好。中国贸易的增长率，商务部的预计是10%，它今年上了政府工作报告，我个人预测会高一些，因为商务部的预测留了很大的余地，今年是比2011年高一点，但会不会太高现在要看二季度，一季度不好。

表1 2011年和2012年世界经济与贸易增长预测

单位：%

	2011年		2012年	
	IMF	UN	IMF	UN
世界经济	3.8	2.8	3.3	2.6
发达国家	1.6	1.3	1.2	1.3
美国	1.8	1.7	1.8	1.5
欧元区	1.6	1.6	−0.5	0.7
日本	−0.9	−0.5	1.7	2.0
新兴市场和发展中国家	6.2	6.1	5.4	5.6
中国	9.2	9.3	8.2	8.7
巴西	2.9	3.7	3.0	2.7
印度	7.4	7.6	7.0	7.7
世界贸易	6.9	6.6	3.8	4.4

资料来源：2012年1月IMF和UN的《世界经济展望》《世界经济形势与展望》。

但国际经济活动中和贸易相反的是，国际投资仍然很活跃。从图1来看，2011年、2010年国际投资都上升了，当然还没有恢复到2007年的最高水平，但它是上涨的。其中，发展中经济体吸收外资达到一半以上，中国去年是1160亿美元，"走出去"的话，对外投资是700多亿美元。

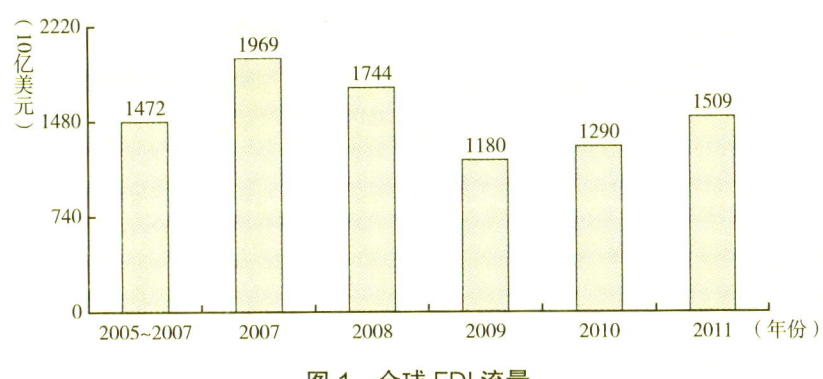

图1 全球FDI流量

说明：2005~2007年数值为金融危机前平均流量，2011年为UNCTAD初步估计数。

(四)美国的货币政策与欧债危机

大宗商品价格仍然是不稳定的,世界经济现在面临的主要问题有两个。一个是美国的货币政策,它现在要扭转操作,原来是买国债收益率,国债收益水平提高了,三月份以来准备搞"冲销版"的货币政策,这个听起来比较拗口,意思是要扩大货币投放,想通过扩大货币投放来刺激经济,但又怕引起物价上涨,又通过低利率把钱收回来,这种方法叫"冲销版"。他们正在酝酿。第二主要是欧债,欧债说起来比较多,简单说,目前来讲,欧债大概能够缓解一段时间,原因是处在风口浪尖上的希腊得到了1300亿欧元的贷款,它的债务三月份违规,这个问题可以躲过去了,当然整个过程很长。那么欧洲的欧债问题蔓延引起的最大问题是什么?是所有的欧洲商业银行缺乏流动性,因为商业银行都借钱给政府,结果债务把政府给拖进去了,但欧洲中央银行不愿意充当美联储。其实就债务而言,美国比欧洲要高,美国2011年底的债务按小口径统计,公共债务和GDP的比例超过100%,超过15万亿美元,整个欧元区的平均债务是84%,要低于美国,那么为什么美国没有事,欧洲有呢?因为美联储是一个主权联邦国家的中央银行,它不断地释放流动性,它从美国这个主权国家的利益出发,不断释放流动性。无论是支持政府发行国债还是向商业银行注入流动性,它都不怕。而欧洲中央银行是17个国家共同的银行,欧洲商业银行是德国人控制的,如果说欧洲商业银行充当美联储不断地去买欧洲的债务或者去给银行输入流动性,那必然造成欧元投放大量增加,物价上涨。最后的结果是德国人买单,德国为17个国家买单,这是德国人不愿意的。这就是欧元区的体制问题。所以欧洲商业银行不愿意充当美联储,它开头是不管的,最后到去年12月跟今年1月它连续两次释放了一万亿欧元。它借钱给商业银行，这样商业银行都活了，整个欧洲的工商业都被救活了。当然，很多商业银行之所以有坏账，是因为它们借钱给政府，而政府的债务解决不了，然后商业银行便陷入困境。现在欧洲中央银行借钱给你，你先赚回来，现在欧洲问题的严峻性暂时有所缓解，那为什么德国人要这样做呢？因为这涉及各个国家的利益，因为德国人、法国人希望各国的财政也一体化，货币一体化，但财政是各吃各的饭，有些国家财政很糟糕，而且没有财政纪律，乱花钱，最后财政的风险化为货币的风险。德国人说那不行，要搞财政一体化，将这个国家的财政预算拿到欧盟理事会去审批，你要按理事会审批的来执行。这样就把一个主权国家最能体现主权的经济职能剥夺了，所以遭到有些成员的反对，但不这样做，确实很难办，这样欧元很难维持。所以就形成了核心国和高负债国的博弈，所以德国、法国要大家走财政一体化的道路，其他国家也勉强往这方面靠。今年有了个什么财政契约，修改《里斯本条约》，要把大家往这条路上带。你多走一条，我就多给你钱，多给你流动性，你不走，我就不放，所以现在就处在这样一个博弈的过程中。

为什么中国对欧债问题并没有表示什么承诺？因为它是能解决的，它是内部的利益不一致，是欧元区自己的财政体制和它的经济体制造成的。当然，它大量释放流动性对世界经济也有影响，它不释放流动性也有影响，不释放它的工商业就转不起来，经济萧条，对我们也不利。它流动性释放太多，欧元贬值对我们也不利，它还是转起来比较好。所以欧债问题这件事一叫"了不了"，二叫"跨不了"，两个"不了"。它"了不了"，它还会持续，希腊解决了还有别的国家，但是它又"跨不了"，美国也不会让它跨。所以这个问题就简单地说到这里，因为这个问题说起来很长。

五 今后改变的趋向——民心所向，引领深化改革新潮

最后我们再讲一个问题就是与政府工作报告有关的两会，我给它加一个标题叫"民心所向，引领深化改革新潮"。关于未来中国的改革，两会之前《人民日报》和人民网作了调查，其实不只人民网，新华网也作了调查。

两会之前，老百姓最关心什么问题？大概是十个问题，新华网排在第一位的是缩小贫富差距，人民网是社会保障，这是老百姓最关心的问题。我又把2002年到2011年两会关心的问题都列了出来，我得出这样一个结论：现在中国人民已经不怀疑党和国家以经济建设为中心的路线不动摇了，老百姓已经很相信，也不怀疑中国经济增长的长期持续性，我们确实有能力长期持续，也不怀疑各级政府和干部对发展经济的巨大热情、能力以及相应的政策措施，各级政府干部这方面的热情很高，能力也很强，而且政策措施也很有效。现在人们强烈要求党和政府在发展经济的前提下做好其他事情，老百姓关心发展经济之后哪些事情要做好，这些问题就是科学发展观讲的要以人为本，就是考虑人们的新要求，这种新要求是政府努力的新方向，也是深化改革的新目标。深化改革归纳起来有十个方面。

第一是社会保障改革，既是社会问题，又是经济问题。

第二是收入分配改革，这既是民生问题又是经济问题，现在是经济问题和社会问题、民生问题都交织在一起。

第三是医药卫生体制的改革。

第四是社会管理改革，不仅要稳，而且要重视基层的治理问题，

保障公民的权利以及公民应当得到的各种公共服务。

第五是政府行政管理改革。我这里提出一个观点，过去我们的政府改革大多关注的是怎样撤减机构，缩小政府的编制。我个人认为把注意力放在这方面是不对的，因为现在这个社会老百姓要政府提供越来越多的产品和公共服务，就是服务要越来越多，但要越来越少的人来提供，这是个悖论。所以我个人认为政府行政管理主要注意力应放在怎样转变为服务型的政府，怎么减少行政审批，怎么加大服务和产品的生产供给。

第六是安全。

第七是房价调控，这个问题很复杂，包括房地产的制度。

第八是金融体制改革。

第九是"三农"问题。

第十是教育公平。

我把未来我们改革的新议题归拢了一下，大概就这十个，这都是未来中国发展经济需要解决的问题，也是深化改革的新方向。

好了，我就说这些，谢谢。

[互动问答]

1. 怎样理解政府强调的关于当前房价的合理位置？

听众A：

裴教授您好，我想请教一下关于当前的房地产泡沫问题，政府强调说要让房价回到一个合理的位置，那么这个"合理"具体我们应该怎样理解呢？

裴长洪：

这个房价问题当然是最难说的一个问题，温总理讲房价还没有回到一个合理的价位，而合理的价位是多少他没有讲。到底什么叫合理价位呢？可能这个问题站在不同的立场有不同的答案，这是个利益问题。如果说对已经有房子的人来讲，他们理解的合理价位和没有房子的人当然不一样，如果说房价跌到了很低的地步，已经有房子的人出现了资产缩水，他的家庭资产、个人资产缩水，那固然有利于买房子的人。作为买房子的人，他是希望房价越低越好。到底什么叫合理，有几个影响因素。第一，房价有区域性，它不可能是全国市场，它只能是区域市场。比如说泉州的房价和北京的房价是不能比的，在北京是合理的房价在泉州未必是合理的。所以它是区域性的。每个地方有每个地方的级差地租以及供求状况，所以它不可能是整齐划一的。第二，从经济学的原理来讲，房价和地价是两码事，房屋的价格涨了，并不是房子涨价，是那块地涨价。当然我们看到这个房子卖得贵了，其实房子价值不可能提高，它只能是越来越低才对。那为什么房价涨？是因为地价涨。如果是经济系的学生，肯定学过"政治经济学"。什么叫级差地租理论？简单来讲，马克思主义经济学中级差地租有两种形式。一种叫什么呢？一块地的级差地租是怎么产生的呢？它是连续投资，土地改良后土地收益增加了，于是产生了级差地租；第二是这块地附近的交通改善了，它的区位变得很有利，所以产生了级差地租。

你会经常看到我们的房产出现这样一个状况，一个新楼盘刚开盘时价格并不高，过两年它的价格提高了。你觉得不可理解，其实就是级差地租在起作用，因为过了两年这个小区配套齐全了，就相当于马克思主义政治经济学讲的在这块地上连续投资出现了，产生了级差地租。还有这个楼盘周边交通改善了，它也产生了级差地租。所以这块地涨价了，并不是房子涨价了。地涨价了，因此卖房子的人借助地涨价又把房子卖出去，当然就卖高了，所以价格上涨是正常的，只要在正常的经济发展水平下，这种价格上涨是正常的。那问题发生在哪里？发生在不是房子涨价，是地涨价，那这个级差地租归谁。现在业主通过卖房子把级差地租归到自己身上，当然也出现了有些人通过房地产投机发财，问题出在这个地方，怎么处理这个问题呢？这是一个很复杂的问题，所以大家都埋怨房价太高，在没有办法处理级差地租收益分配问题的情况下，政府也只好来压房价。当然这也不是一个好解决办法，问题的产生不是房价上涨，是地价涨，随之产生的级差地租收益归谁，是不是归业主？还是说归购房者，这是个很难处理的问题，从理论上、技术上都很难处理。所以只好来压，那压到什么时候为止呢？这也是个很难说清的问题。就我刚才讲的区域性问题，有人说要把它压到收入和房价持平，这是否合理？首先中国人的收入是很难统计的，也很不透明，所以有时候又很难界定什么程度是合理的。眼下可以肯定的是房价过高，需要进一步调控，让它回落是对的。但回落到什么地方合适呢？这个问题我想可能无论理论界还是政府都还在摸索之中，谁也给不了一个确切答案。但我可以告诉你经济学原理，事实上它的背后不是这个问题，而是级差地租收益应该归谁，房子涨价，是那砖头瓦片涨价吗？不是，它只能越来越不值钱，是地涨了，这是符合马克思主义原理的。土地级差地租收益到底怎么分配，现在没有办法分配，从理论、技术上都很难处理，因此在这个问题上有很多困难，将来房地产调控是一个大问题，是需要继续研究

继续改革的新问题。这样回答不知道是不是让你满意，如果谁告诉你降到多少合适，这个人肯定不严谨。

2. 哪些政治体制方面的改革可以为经济发展提供良好的环境？

听众B：

斐所长您好，在今年的政府工作报告中，温总理提出要进行政治体制改革，我想说如果从经济发展的角度来看，您认为政治体制哪些方面的改革可以为经济发展提供良好的环境？

裴长洪：

刚才我已经讲了政府行政体制改革，过去党和国家提出要创建服务型政府，像十七届六中全会提出的创建服务型政府，这都是一个新方向，就是怎样使政府变成一个生产优质高效服务产品的政府，变成一个学习型政府，我认为这是一个方向。首先政府不能退出宏观调控这个领域，因为中国的政府和西方的自由市场政府是不一样的，中国的经济是需要政府调控的，但是政府确实需要减少行政审批，减少行政审批后干什么呢？要提供更多的服务产品，不是说没事干了，是需要在行政审批上减少作为，需要在提供服务产品方面有更多的作为。现在可以说政府要做的很多，却没有去做，我举一个很简单的例子。我们是搞研究的，按道理说，比如研究工业问题，39个工业行业，每个行业都需要深入研究，研究它的转型升级到底是一个什么样的路线。过去我们国家有很多工业部，第一机械工业部到第八机械工业部，它是按照大类来分的，现在一撤销机构，这八个机械工业部全没了。当时国家有经贸委，现在也并到发改委了，每个行业的情况都到了工

信部这一个部门里去了,这一个部门要管过去所有的工业部门,原来的统计体系、原来的基层情况,所有的统计资料都散失了,要搞清情况就要重新摸起。当然原来那些部门留下一些联合会,但联合会都没有这个职能,这就说明我们过去在政府改革问题上注意力过多地放在撤减机构、减人撤庙上面,在怎么转变职能方面想得少,所以这样就容易出现问题。我们现在要研究每个部门,找不到资料,有的丧失了。我在这方面体会很深,有些工业部门要撤销的时候,有些搞政策研究的人都感到非常痛心,几大箱、几大箱的资料全部都扔了,都销毁了,过去多年积累下来的数据统计资料都没了,很令人伤心,但都没办法,因为机构——"庙"没了,像这样的事情是要有人干的,而且要花很多的力量去干,要投很多的人力财力去干,但现在没人干了。我刚才举这个例子就说明,国家没有统计小微企业,在我们国家现在统计的都是规模以上企业,拿出来都很好看,数字都很高,增长快,高利润。小微企业怎么样?不知道,你说政府应不应当干这个事?应当干这个事,需要多少机构?需要多少人?恰恰这些事是你们这些大学生可以去干的,是你们就业的地方,而不是把这个"庙"拆掉,这是我的看法。所以我历来就不赞成"拆庙减人",你就让他们干一些他们该干的事,不要让他们在那等着人家来求你。你做的事情应当是服务性的,老百姓觉得你很有用,你做的事情是很有意义的,我觉得政府政治体制改革应该改这个。

3. 对于高端服务业有何看法?对泉州发展高端服务业的建议。

听众C:

裴所长您好,在经济结构调整过程中,我们现在说要发展高端服务业，对于高端服务业，我想问你有什么看法。还有就是从泉州市民营经济高度发达的具体情况来看，对于发展高端服务业，你有什么建议。

裴长洪：

发展服务业的内容很多，现在又出来一个高端服务业，这就把公众搞得更晕头转向了。现在我告诉你，关于服务业有几种说法。第一，叫现代服务业。什么叫现代服务业？现代服务业是对应着传统服务业说的。第二，叫生产性服务业，这又是一种说法。什么叫生产性服务业？生产性服务业是对应着生活性服务业说的。高端服务业是针对什么？是针对低端服务业说的。

那么这三种概念到底该怎么解释？首先要定义清楚，服务业什么叫高端？什么叫低端？我就告诉你，所有的服务业中各个行业既有高的，也有低的，同一个服务业也一样。比如说咱们讲最高端的吧，金融业是最高端的，既是高端，又是现代，又是生产性服务业，但同样它可以是传统的，比如说过去的票号钱庄，它是不是金融业？它也是金融业，那它是现代的还是高端的？包括温州的民间借贷，它是高端的？还是低端的？还是现代的？还是传统的？所以现在是这个样子，得首先说概念。从概念来讲，在国家的文献当中，在"十一五"规划当中出现过两个说法，一个是现代服务业，一个是生产性服务业。那么什么叫现代服务业？现代服务业当然是针对传统服务业说的。那么什么是现代？什么是传统？我个人理解它是以生产力为标准的。生产力的标准是什么？比如说首先是工具，你用什么工具；其次，是一种什么样的经营形式；再次，是什么样的管理形式。通过这些标准来区分什么是现代，什么是传统。同样是金融业，金融业中现代的银行制度当然是现代的。第一，它用的工具是什么？它用的工具是电脑、互联网，它用的是现代的银行制度,现代的银行经营形式和现代的银行管理方式,它应是现代服务业。那中国古代也存在票号钱庄,包括当下温州的民间借贷,它应当是传统金融业,所以同样一个金融业,它既可以是现代的也可以是传统的。商贸那就更明显了,比如说咱们城里的大型百货店、连锁店显然是现代服务业、现代商业零售业,但是农村的夫妻店、小卖店也是服务业,它同样存在商业零售,它应当是传统的。同样是物流,咱们现在有很多运输公司,反正挂个牌就叫物流公司,其实这离现代物流的内容相距甚远。所以首先要从概念上区分清楚。但是什么地方要发展什么样的服务业,要根据这个地方的情况,要根据这个地方的工业生产、服务业生产水平来决定。在农村,一个村子里一定要发展一个连锁店,一定要发展一个大型百货店,这个现实吗?这个不现实,也脱离实际。所以,有夫妻店、小卖店就挺好。泉州市就要考虑,我们怎么样?商业业态怎样现代化?怎样更适应市民的要求?当然就可以比较现代一点,就可以比较高端一点。所以这个问题要从实际出发,要实事求是,本身任何一个行业,它都有高端和低端、现代与传统。不是说一定说什么业就是现代,什么业就是高端,不完全是这样子,它以生产力作为标准,同样一个金融业,现代的金融业既可以有现代又可以有传统。物流、研发同样是如此,所以绝对把它们分开有时候很困难,所以往往统计就很难办了,统计局就很犯愁了,怎么办?所以就硬要说这些就是现代的,有没有?有。比如说这个软件、通信服务,这过去没有,一开始它就是现代的。但有些服务业既可以是现代的也可以是传统的,所以有时候统计就发生困难,即便统计一定要把它拉进来,有时候也是不准确的,所以从学理上要这样分清楚。至于实际工作怎么搞,要从实际出发,要去问市长,你不能问我,我回答不了。

4. 对于民间借贷，今后在哪些方面有哪些突破？

听众D：

裴教授，您好！我们泉州这个地方，小微企业比例也蛮大的，现在小微企业遇到很多困难，其中有一个就是融资难这个问题。融资难这个问题，我想一个就是民间借贷这方面，我们政府这几年也有一些创新，那您认为我们今后在哪些方面有哪些突破？还有一个就是现在这种小额贷款公司也发展得很快，现在已经有3000多家了，但是这种小贷公司的地位好像比较尴尬，它不是一个金融机构，我就想我们国家今后会不会给小贷公司地位，给它一个身份吧？我觉得，如果它不是一个金融机构，它在政策的很多方面会受到一些限制，所以现在很多小贷公司面临没有钱可以贷的问题，我就想我们国家今后在这一方面能不能有些突破？

裴长洪：

你问的问题就是我们金融改革的一个重大问题。现在据我了解，小微企业要想得到正规商业银行的贷款，80%都不可能，我这个比例数甚至说低了，可能90%都不可能。确实它们需要依靠小型金融机构的服务，现在国家开的口子很小，一个叫村镇银行，一个叫小额贷款公司，一个叫做担保公司。我要纠正你一个说法，从国家来讲这些都叫非银行机构，是金融机构，但是是非银行的，村镇银行是银行，但是小额贷款公司和担保公司是非银行的，是金融机构。主要是它们的融资能力很差，融资能力很小，就是说，它们远远满足不了现在小微企业的需要。现在金融体制改革开的口子很小，到目前为止还是满足不了需求，但为什么国家不能把口子开大一点？它有它的考虑。在20

世纪90年代的时候，农村有一个金融组织叫做农村合作基金会，应当说，当时改革的初衷也是为了解决农村的金融问题，从改革初衷来讲我个人认为那是一次探索，是有意义的，那为什么最后一下子都叫停了呢？就是因为这种金融组织能够比较规范地运行的条件还不具备，一个是它自己的金融运作知识以及经营的技术、业务知识等等都缺乏，再加上整个社会的信用程度比较低，就给当时的农村合作基金会造成很大的坏账。

最后当然是国家通过农信社也好，农业银行也好，都给处理了，当时是叫停了。自从有了那次教训以后，国家的金融主管部门在这一方面变得非常谨慎，它知道这是个问题，但是一下子口子放太大，又害怕一放就乱。我们国家确实在经济生活中也有这个现象，一管就死，一放就乱，所以现在很谨慎，也不是说这些领域的领导不改革，没有改革的意识，反对改革，也不是。他们也想改，也想解决这个问题，但是又怕一放就乱了，因为有过教训。所以这个事情怎么解决，恐怕要循序渐进，按现在的需求来讲，是应当步子再大一点，要不然会逼出像温州这样的民间借贷来，会去违规违法搞，所以需要再放大一点。当然怎样放，再加强指导，这里面还涉及一个体制问题，就是金融监管，因为金融监管就是监管权太集中了，现在就是所有的金融监管权都在中央政府，各地的银监局都是中央的。地方政府也有金融工作部门，比如说省市这一级也有金融办，但是金融办没有监管权，这就涉及将来中央和地方在金融监管上怎样形成两级或者多级的体制，各管各的。这个需要改革，因为这一块就是监管为小微企业服务的金融机构，它有特殊性，比较难监管。现在的监管单位都是中央的，都是中央政府的，它对监管那些大的正规银行以及它的监管做法是适应的，但叫它再监管这些也很困难，所以这就需要放权给地方，放给地方政府去监管。但地方政府怎么去监管，也需要摸索，需要建立一整套的规章制度、法律法规，而且地方监管机构也需要培育。比如说现在泉州这个地方都放了，金融机构出来很多，恐怕泉州市政府也监管不了。首先要建章建制，法律法规体系、规章制度都要完善。然后还要有一个工作机构，比如泉州市金融办，它一个金融办没有腿，也管不了，到底怎么办？它需要有一个设计，还需要一段时间。我认为这是一个系统工程，可能三言两语还是说不清楚。就是说眼下肯定是国家采取措施，慢慢放，但是步伐慢有步伐慢的原因，因为监管跟不上。

保育钧简介

保育钧 江苏南通人，蒙古族，现为中华民营企业联合会会长、中国民（私）营经济研究会顾问（原会长）、品牌中国产业联盟副主席。2009年3月被聘为国务院参事室特约研究员。

1966年毕业于中国人民大学新闻系，历任人民日报社记者、编辑、组长、部主任、编辑委员、秘书长、副总编兼秘书长、副总编兼华东分社社长。1996年调任全国工商联副主席。曾任第九届全国政协副秘书长、第十届全国政协社会法制委员会委员、中国民（私）营经济研究会会长。兼任中国中小企业协会顾问委员会主任委员、中国企业国际发展协会名誉会长、北京大学中国软实力课题组终身顾问等。

保育钧长期从事新闻和非公有制经济研究等工作，是"小平您好"照片的编发者。1978年底，根据邓小平和胡耀邦同志讲话精神，以《人民日报》特约评论员的身份撰写《完整地准确地理解党的知识分子政策》一文，在全国掀起了落实知识分子政策的高潮，很多地方将之作为政策依据。

保育钧潜心研究中国民营经济的发展历程，深入调查研究，发表了一系列关于鼓励、支持和引导民营经济健康发展的理论文章，其《问责中国大缺电》《非公经济36条》等文章曾一度在经济学界、企业界和社会上引发轰动，并应邀到各地作了几十场演讲。著有《呼唤理解》《子夜笔耕》（合著）等。2009年荣膺"建国60年60位功勋品牌人物"。

中国民营经济的昨天、今天和明天——民营经济任重道远

保育钧　　　　2012年4月17日

非常高兴来到华侨大学，今天我们有缘，过去每次来泉州都路过华侨大学，没进来过，不敢进来。后来，跟你们的老校长丘进同志在国务院参事室共事，到一块一聊，他约我一定要过来。今天我过来的时候他已经退下来了，但是他中午还专程从厦门赶来请我吃饭，他告诉我这个华大讲堂当初是他发起的，今天已经是第28期了，这是一个高兴的事；另一个高兴的事是今天接受

了贾校长颁发的聘书，聘请我为兼职教授，我很荣幸，已经成了华大人，还得了一枚校徽。

其实，关于民营经济问题，在座的许连捷同志比我更有发言权。我和许连捷同志是多年的老朋友，研究民营经济，我从他身上学到许多好的经验，我经常拿他来说事，到别的地方去给人讲课的时候，就老是说你们要研究一下许连捷，文化程度并不高，还是当年的"投机倒把分子"，经常被弄到学习班。现在，他成了全国劳动模范，是全国工商联副主席、全国政协委员，已经连任好几届了，有一系列的荣誉。他现在还是华大董事会的副董事长。要是他上台讲，肯定比我讲的生动感人，但既然来了，我就讲。刚才我们校长介绍了一大堆的荣誉，那是过去了，现在老老实实讲就是个研究员，我现在也不是官员了，也不是企业家，也不是理论家，就是个研究人员。研究什么？研究民营经济。这也是命中注定。你们知道我在《人民日报》工作了30来年，1996年一下子调到工商联去，这个弯子是不太好转的。

大概是冥冥之中有个宿命，因为1966年夏在红卫兵接待站工作，晚上我都到工商联向周荣鑫同志作汇报，那时他是国务院秘书长，后来当了教育部长。1966年"文化大革命"开始，他是负责接待红卫兵的，我们是在他领导下搞具体接待工作的，晚上12点以后在全国工商联机关向他汇报。那时候发现那个院子打扫得很干净，原来是挨批斗的老先生在那里打扫，他们的劳动态度很好。没想到30年之后，1996年我也进去了，大概是宿命吧。

到了工商联，我就研究民营经济。那时，我带着一个问题研究：从以前消灭私有经济到发展民营经济这个弯子是怎么转过来的，我花功夫研究了。老实说有点心得，之所以这些年我敢说点话，恐怕和这些年的研究有些关系。不是应景的，不是言不由衷地说说而已，我们某些领导同志对民营经济只是应付般讲讲而已，而我是认真地讲发自内心的看法。从中国经济的发展来看、从社会发展进程来看，我总觉得中国的前途就三句话：经济民营、政治民主、社会法治。恐怕逃不出这三句话，没有民营经济的充分发展，民主政治建设是不可能的，民营经济发展了，社会法制更健全，这恐怕就是和谐社会、科学发展。

我今天给同志们讲的几个大标题是这样的：中国民营经济的昨天、今天、明天，大概是三个段落。最后留点时间我们可以交流一下，有一个互动。

一　改革开放后中国的最大变化之一——民营经济复苏

民营经济这个提法是非官方的，中央文件中就没有讲"民营经济"这个词，只有"民营科技企业"的提法。到2010年"新36条"出来的时候，提到民间投资、民间资本，但在其他所有文件中讲的都是非公有制经济，现在中国一些事很怪，文件上不提，但老百姓都这么用。中央领导同志脱开演讲稿讲话也讲民营经济，但是一上了文件就叫非公有制经济。因为民营经济这个词对应的是官营经济，官和民是对应的，公和非公、公和私是对应的。这个提法出现在1991年的中央15号文件，那是关于工商联工作的一个文件，因为那个时候，1989年"六四"之后批资本主义、反和平演变，把私营企业批得一塌糊涂，认为它们是和平演变的经济基础。在那种情况下中央就觉得不能忽视，就出台了一个工商联的文件，第一次提出这个"非公"的提法，包括私营企业、个体经济、外资企业，与它对应的是公有制。这个提法本身就是以公有制为本位，就为这个词我还和国有企业的老总对了一次军，我说你们讲平等，平等过没有？一视同仁，一视同仁过没有？我说你们这个称呼就是在歧视民营企业。非公有制经济？我问你，对女同志称为非男人行吗？你是男人她是非男人，这不是歧视吗？这隐含了一种歧视在里面，仔细琢磨琢磨，是不是隐含一种所有制在里面？但是现在也就这么认了，也就这么说了，口语讲的还是民营企业、民营经济。

从发展趋势看，将来恐怕真正的国有独资是很少的，将来大量的都是民营，就是国有也得民营。民营这个词，侧重于经营形式。你看联想就是国有民营，也算是民营科技企业。从将来发展的趋势看，恐怕要摆脱官办的色彩，因为企业真正改革到一定程度、改革到位的时候，它也得民营，不可能是官营。现在一些内部人控制的国有企业什么时候国有过？实际上，民营经济这个提法就是中国特色，跟外国人一谈民营经济，外国人就奇怪了，经济本来就该民营不该官营，你们怎么有个民营经济呢？因为我们是以公有制为主体的国家，所以这个是中国特色。提到民营经济这个词马上想到这是中国特色，也就理解了。中国改革开放以来，发生了哪些变化？改革开放30周年的时候大家写了很多文章，我总觉得许多文章说了一些大话，没有说到点子上。

改革开放以来，中国经济社会层面发生的变化就三个：第一个是从闭关锁国到全方位开放，这是因为我们开放在先改革在后，全方位对外开放；第二个是从单一的公有制变为多种所有制，这是社会细胞发生了变化；第三个变化是从计划经济到市场经济，体制机制变了。就这三个变化。我跟人辩来辩去，说你难逃这三个变化，而这三个变化当中最基础的是什么？是社会细胞，单一的公有制变为多种所有制经济共存，而且是民营成分占了65%以上。这就发生了很大的变化，有了这么一个变化，中国才有今天。现在的情况大概是全国有967万户民营企业，3700万户个体户，其就业人数超过2.5亿，光私营企业的注册资金就超过25万亿元，投资者1900多万，就算2000万，这里面共产党员有360万。按照我们传统的观念，共产党员怎么能办民营、私营企业？这就碰到传统的意识形态障碍。但是，私营企业、民营企业管用。现在，新产品85%来自民营企业，科技创新65%以上都是来自民营企业，出口占85%。如果说把民营企业都一块去掉，中国一大块就没了，又回去了。所以民营经济这个提法尽管官方不承认，我想总有一天会变成党的文件中的话，看十八大能不能有所突破。这是关于破题的话，关于民营经济的提法。

民营经济发展从不合法到合法，经过了一段时间。那个时候，老许您做小买卖就是不合法的，不合法就进学习班。1987年十三大以后，合法了，还是个"补充"。1997年以后，特别是2002年之后，确认是社会主义市场经济体制的重要组成部分。2002年正了名，叫社会主义建设者。从20世纪80年代初的不合法到80年代中后期的合法，1997年中共十五大以后，从体制外进入体制内，2002年十六大以后，从"个体户""私营企业"这种身份不明的称呼到社会主义建设者，还可以评劳模，还可以入党，这个演变过程有两个理论支撑。一个理论是社会主义初级阶段理论，解决了合法性的问题。1987年十三大，赵紫阳作报告用初级阶段理论回答了中国为什么要有私营企业的问题，实现了从不合法到合法的转变。1987年特别是1988年人大通过宪法修正案之后才合法的。从不合法到合法，靠的是初级阶段理论。第二个理论就是市场经济理论，特别是小平同志南方谈话之后。市场经济解决的是公平竞争问题，现在这个问题还没有解决好。没有这两个理论的支撑，民营经济不可能有今天。要打掉民营经济，把民营经济抓起来像重庆打黑似的扣上一个帽子，你黑把你打了，这就否定了两个理论：一个初级阶段理论，一个市场经济理论。这是邓小平对毛泽东思想的新发展。有这两个理论支撑，把这两个问题搞清楚之后，底下许多问题才好解决。

二 民营经济的昨天

民营经济的昨天、今天和明天，我用这样几个词来概括不知道对不对：昨天很惨，今天很难，明天很重（任务很重）。用这三个词来概括是不是很准确？我一直在琢磨这个事。

昨天是很惨的，这个昨天从哪儿开始呢？昨天是从1949年到1978年，这一段确实很惨，包括1956年公私合营的时候。当年折腾得是够可以的。新中国成立初期，1949年的时候私营企业是多少？全国私营工业企业才13.5万户，160多万员工，资产68个亿。私营商业企业多少？363万户，从业人员是600万，从1949年到1952年基本是这个水平，就这么多。1949年到1952年，国民经济恢复时期，那时候主要靠的是私营企业，国民党留下的烂摊子资产很少，钢铁产量才90多万吨，那么一点点，还不如现在一天的产量。没收的官僚资本主义的东西也很少，主要是靠私营经济来支撑的。

但是从那之后，1952年一过，我们屁股刚刚坐稳的时候，毛主席对民族资产阶级的看法发生了变化，对基本矛盾估计错了。第一个错误，是对基本矛盾的估计错误。新中国成立之后，对基本矛盾的估计，刘少奇认为是先进的社会制度和落后的生产力之间的矛盾；毛主席认为，打倒了地主官僚资本家之后，国内的基本矛盾是工人阶级和资产阶级的矛盾。这个看法首先体现在他对中央统战部李维汉的报告的批示上，李维汉是统战部老部长，他就觉得新中国成立之后民族资产阶级依然是中间阶级，有跟共产党搞社会主义的一面，也有自发搞资本主义的一面，所以我们应争取这个中间阶级。毛主席说不对，从打倒国民党反动统治之后我们的矛盾是同资产阶级的矛盾，是公有制和私有制的矛盾，这是基本矛盾。以后毛主席一直没改这个思想，一直到他去世都没有改变。从那时开始他就和刘少奇发生了矛盾。刘少奇是举七届二中全会和共同纲领的旗帜——新民主主义。他认为新中国成立以后不能马上进入社会主义，要有一个新民主主义阶段，五种阶级成分共同发展。1949年上半年，刘少奇天津之行，他和天津企业家座谈。天津解放之后，资本家把厂关了、店关了，有的到香港去了，有的不干了，刘少奇找他们谈，为什么不干了？他们回答说我们不能剥削，刘少奇说欢迎你们剥削，不剥削工人没饭吃，剥削有功。这个说法在"文化大革命"中被批得一塌糊涂。我那时候刚分到《人民日报》，第一个任务就是批刘少奇说剥削有功，我当时也傻了。我说刘少奇不可能复辟资本主义，中国没有资本主义，中国要复辟是复辟封建主义。报社的老同志说你年轻，你别乱说，叫你怎么办就怎么办。由于刘少奇坚持新民主主义，主张发展富农党员，保护资本家，从那时候开始高岗就钻了空子，就上了几本告刘少奇，说刘少奇在农村要发展富农党员，在城里欢迎资本家剥削，他要干什么？新中国成立之后，高岗是国家副主席，还是国家计委的主席，那时国务院叫政务院，主管文化外交方面，管经济的是计委。当初毛主席支持高岗，说刘少奇是错误的。这是一个基本矛盾估计的错误。

第二是急于过渡。基本矛盾估计错了就要马上过渡到社会主义。本来七届二中全会、七大上都讲了，新中国成立之后要花 10 年到 15 年甚至更多的时间搞新民主主义，但是毛主席在 1952 年突然变了，他说从现在起就要用 10 年到 15 年的时间向社会主义过渡，而不是说 15 年之后再过渡，这是在 1952 年书记处会议上提出来的。他威信很高，他怎么说大家都同意，所以到 1953 年 6 月份在政治局会议上毛主席提出过渡时期总路线，用 10 年到 15 年的时间实现国家的工业化，实现对农业、手工业、资本主义工商业的社会主义改造。这就是"一化三改造"。从 1953 年变成政治局的决定，开始对民族资本、民营企业的态度发生了急剧的变化。在这之前，对民族资本采取的态度是两个词：利用、限制。现在听起来这个词多刺激人。当时中国的民族资本家还够可以的，就说好，利用我们、限制我们，都认了，都接受了。1952 年以后就加上了一个词"改造"，变成了"利用、限制、改造"，这下子就开始搞运动了，怎么搞运动呢？是从 1952 年的"三反"开始的。党内一些干部进城之后，滋长了官僚主义作风，有不少人换老婆、贪污浪费，毛主席很不满意。尤其像天津专区的刘青山、张子善这样的事例惊动了毛主席，下决心枪毙，之后就有了"三反"运动，反浪费、反贪污、反官僚主义。"三反"打老虎，党内的老虎一打，就发现是受资产阶级糖衣炮弹腐蚀，认为资产阶级在拉拢腐蚀，于是就提出反对资产阶级的进攻。党内出了问题，从党外找原因，说什么原因呢？你看，不法资本家向党猖狂进攻。"五毒"指哪五个，同志们还记得清楚吗？一行贿，二偷工减料，三偷税漏税，四盗窃国家资产，五盗窃国家经济情报。这一打之后，有的资本家跳楼自杀了，有的转移财产到海外了。以前，我们每次搞运动都有一个 5% 的概念。守法户没几个，

不到10%；基本守法户，50%~60%；不守法户，15%左右；完全不守法户，3%~5%。这一打之后，一个个灰头土脸的，这就不好经营了，从1950年开始，有些企业家跑了，有的不干了。还有的提出，我把财产交给共产党了，咱们公私合营行不行？从1950年开始，全国有几千家工业企业和商业企业已经公私合营了。从1955年开始，毛主席两手抓。一方面是农村的合作化，从初级社到高级社。毛主席主编的《中国农村社会主义合作化高潮》那本书，是他自己任主编，各个县的县委书记写文章，争取毛主席写按语，那就受到提拔重用，那就是路线对头。最典型的就是把邓子恢撤了，福建老根据地的邓子恢，是农工部部长，他就觉得速度太快了，他认为不停地变更生产关系对生产不利，农民刚刚分得土地，马上就搞合作化，农民很不适应，他觉得太快了。毛主席说你是小脚女人，把农工部长给撤了，这时，农村的社会主义改造就起来了。

从那个时候到1956年，农村的私有土地产权就开始模糊。到1958年人民公社之后，私有土地就变成集体土地了，现在这个土地使用的征地制度在1953年之前是没有的，是叫买卖土地。国家搞建设的时候，要征块地的时候，必须要买地，因为地是农民的。从1958年以后，农村农民就失掉土地的所有权，土地成了集体所有，这是一方面。

另一方面，在城市里，从1955年下半年到1956年初，实行公私合营，通过行业商会，对各个行业的私营企业实行全行业的公私合营，对资本主义工商业的改造取得伟大胜利。那些日子里资本家白天敲锣打鼓报喜，晚上回家痛哭流涕。当时资本家定了多少呢？被戴了资本家帽子的是86万人。多少资产呢？那个时候才24亿元。86万人所有的资产评估下来才24亿元。他们拿定息，由公家支付，年息5%，拿十年，到 1966 年"文化大革命"一来，统统停了。到了粉碎"四人帮"之后，1979 年胡耀邦同志主持平反冤假错案的时候，一落实政策，一看，当年的 86 万人，真正属于资本家的不到 16 万人，70 多万是个体劳动者，是小业主个体户，是小商小贩、手工业者。惨不惨？86 万人戴着资本家的帽子，在"文化大革命"中挨批斗，后来一看，70 多万是错的。照理说公私合营后还有我的份儿啊，但是实际上把它消灭掉了，工业私营企业合营被消灭掉了，商业私营企业被消灭掉了。手工业，到 1958 年的时候，一边改造，一边补课，抓土改时漏划的富农、漏划的地主、漏划的资本家，搞手工业的那些人也给划到资本家里，连搞集体企业也不行，都要变成国有。在"文化大革命"当中，"5·16"通知之后，北京就开始横扫一切牛鬼蛇神。你看 1966 年 5 月 30 日的社论，横扫一切牛鬼蛇神，横扫一切牛鬼蛇神首先就是把资本家扫地出门嘛。一直到 1979 年，才落实政策。因为指导思想的错误，基本矛盾估计错了，加上急急忙忙地想加快过渡，就犯了这么一系列的错误。所以为什么小平同志南方谈话的时候讲，影响我们的主要是"左"，这些年主要是"左"的错误。到了 1978 年，全国仅剩下 14 万个体户，即夫妻店，边远山区照顾不到的地方，这些夫妻店也是供销社的代销点，只剩下这么一点点了。1958 年"大跃进"，1959 年反彭德怀，1960 年开始三年困难时期，中国自然人口减少 3000 万，半数是饿死的，在这种情况之下，农村里就出现了"三自一包"。这"三自一包"，邓小平、刘少奇是支持的。有名的"白猫黑猫论"就是在北戴河会议上，邓小平听了汇报之后提出的，有些地方就悄悄地搞自留地承包。邓小平说，不管是白猫黄猫（那时还不是白猫黑猫），逮着耗子就是好猫。这么一句话，"文化大革命"时被批得一塌糊涂，说他在鼓吹资本主义。一到困难时期,实在过不下去了,就允许下面自发的个体承包户搞私营经济,但是很快就被打下去了。

到了1962年2月,七千人大会,刘少奇说了一句公道话,他说,看三年困难时期,三分天灾七分人祸,这话说得比较中肯。但是毛主席一听就觉得是冲着他来的,所以他就说,"我是党中央主席,我要负主要责任,检讨一下"。但是不到半年,夏天在北戴河会议上毛主席提出了千万不要忘记阶级斗争,社会主义是一个相当长的历史时期,始终存在两个阶级、两条道路、两个路线的斗争,阶级斗争要年年讲,月月讲,天天讲。那时候就酝酿着搞"四清"。四清的时候就拟定四清条例,两个老人就斗了一通。刘少奇说,四清问题主要解决四清四不清的问题,毛主席说,什么四清四不清的矛盾,什么矛盾的交叉?重点是整党内那些走资本主义的当权派。刘少奇还不知道是批他。毛主席还说了一句,警惕睡在我们身边的赫鲁晓夫。刘少奇还不知道这说的是他。就在对待私营企业、民营企业这个问题上,两位老人家截然不同。

这是过去,很惨,什么原因?对形势估计错了,对基本矛盾估计错了,再加上急于过渡,这是我要讲的第一个问题。

三 民营经济的今天

民营经济的今天,这个"今天"怎么划分呢?我想从1978年划到现在。这个阶段很艰难、很曲折,但是发展很快。老实说,民营经济不是号召出来的,中央的文件从来没有号召发展民营经济,民营经济实际上是形势逼出来的,现在说是顶层设计,我对顶层设计这个词有一定的保留。顶层设计要与基层群众的首创相结合,顶层设计还要看怎么设计，哪些人设计，根据哪些利益集团来设计，顶层设计一定要跟基层的创新结合起来。脱离基层的创新、脱离老百姓的创新，顶层设计是空的。从新中国成立以来，我们的所有产业政策没有几个是有效的。顶层设计——汽车产业，现在汽车满地跑，汽车产业政策没有出来。飞机这个产业政策，顶层设计，多少年设计不出来。只有军工——那个搞上天的，我们设计出来了，导弹、原子弹这些东西设计出来了。这里我就重点讲这个问题了，重点讲今天、明天了。

为什么说是形势逼出来的？我说事实，从当前民营经济存在的五种形式分开讲。

第一，个体经济。个体经济，是上山下乡的知青回城找工作，找不着给逼出来的。1976年抓"四人帮"，1977年再派知识青年下乡，派不下去了，到1978年的时候，在农村的那些孩子就想回来了。云南、西北和东北，就很突出。电视连续剧《孽债》就是讲这段故事。当初中央对派不派知青的问题，谁也不敢说，因为是毛主席作出的伟大决策，谁敢否定？不能否定，开了十几次会，没有哪一个敢说，敢拍板。是派还是不派，知青回城怎么办？李先念同志说了一句俏皮话，他说，这个上山下乡划得来划不来？把这些娃娃派到农村去跟农民争饭吃，花那么多钱，划得来划不来？他说了这么一句话，大家听话音听明白了，从此不再派知青下乡了。不再派了之后，乡下的就都要回城来。回来的第一批有出息的就考北大清华了，考到高校了，现在一些中央领导人基本是那时候考进来的。1977年、1978年的时候，还有大量找不到工作的，找不到工作的子女顶替爹妈在街道工厂、小企业工作。大概过了三年，这也不是办法，在这种情况下，国家工商行政管理局给中央写了报告，说这些知青回城找不到工作，建议网开一面，让他们搞个体经营，那个大碗儿茶就是这么干起来的，中央批准了。所以个体经济实际上是上山下乡的知青回城找不到工作逼出来的。那时候工商局还管用，工商联还刚刚恢复工作，还不敢干呢。粉碎"四人帮"之后，1978年12月份十一届三中全会结束，不到20天，1979年1月17日，邓小平就找五位老工商业者座谈，请哪五位老人座谈？那五个老人是胡子昂、胡厥文、周叔弢（天津的）、古耕虞（原来外贸部的副部长，是个猪鬃大王），最后一个是荣毅仁。这些老人耳朵都不灵，最年轻的就是荣毅仁啦，大家都没有作记录。这六个老头儿一块儿吃火锅。小平对他们说，这些年好不容易过来了，现在平反了，落实政策了，退赔了，那时候，老工商都退赔了。小平说你们还有人、还有钱，人要用起来，钱要用起来；你们海外还有亲戚，回来可以办企业，叫做合营企业，这是明确授意叫他们起来干。这些老先生很受鼓舞，写诗，老牛自知夕阳短，不用扬鞭自奋蹄，要为"四化"作贡献啦。他说作贡献是替国有企业干事，解决酱油不咸、糕点不甜的问题，解决中药材不地道的问题。但他们当中没有一个人想再干私营企业。那时候，泉州的老庄，工商联的老会长——老许的前任、前任的前任，叫他办私营企业，打死也不干。他好不容易熬成一个国家干部，成了自食其力的劳动者，叫他搞私营企业，打死也不干。但是那个时候工商局比较积极，看那么多孩子找不到工作，让他们搞个体经营，所以个体经济是先冒出来的。

个体户后面有"劳动者"三个字，所以1982年《宪法》第11条就加上个体劳动者经济是社会主义公有制的补充。私企是不合法的，私企放在后面讲。这是一个。个体户是逼出来的。

第二，中外合资企业是借外债借出来的。合资企业也不是我们号召出来的。粉碎"四人帮"之后,国门一打开,才发现我们落后了。原来"文化大革命"当中我们要解放世界三分之二的人民,结果打开国门一看,人家活得都比我们好,受苦受难的是我们。这个时候就急了,就加快引进技术。最先提出来的是邓小平同志,1977年2月份中央经济工作会议上就提出加快引进新技术新设备。后来国家计委马上动作。要引进没钱怎么办?小平同志说,没钱就借债,借债用什么还呢?我们有石油有煤,分期付款。你来开采煤炭石油,以后用煤来还你,用油来还你。当初小平同志提出来之后,有的领导同志有保留意见,认为用资源来还也不是个办法。就在这时候出来一个很小的插曲,就是李岚清同志,他跟美国通用汽车公司的总经理谈判,并说向他借多少万美金,人家说你借钱做什么,我买你技术造汽车。人家提出,我们合资行不行?李岚清同志听不懂什么叫合资,人家就告诉他,你的钱包和我的钱包放在一块,一块办厂,要赔一起赔,要赚一起赚,这叫合资。李岚清听了吓一跳,说我是共产党,你是资本家,我们怎么合资?他是个老实人,马上把这情况报告了中央。小平同志一听,中外合资,好,就这么干!中外合资,大量引进外资。外国人说,你老是搞阶级斗争,搞运动,以后不保证我们财产安全怎么办?所以在1982年修改《宪法》之前,1979年6月份全国人大常委会通过一个中外合资企业法,就是专门保护外资企业的。所以,外资企业也不是号召出来的。当初我们想借债,借来钱自己干,后来说你自己干不行,就合资一块干,所以合资企业是借债借出来的。

第三,经济特区。现在我们都知道四大特区,特区当初是怎么搞起来的?特区在某种程度上讲,是深圳的青年逃港逼出来的。粉碎"四人帮"之后,中央派了习仲勋、杨尚昆二位到广东做省委书记和广东省长。他们两个人感触很深,一听说深圳的青年往香港跑,一部分淹死了,一部分被遣送回来了,他们就向中央反映意见。袁庚同志为什么搞蛇口工业区?因为解放蛇口的时候,他是炮兵团团长,后来到香港招商局,发现蛇口不少逃港者的尸体,他心里很不是滋味。逃港青年押回来后还挨批斗。习仲勋同志说,那些娃娃为什么往香港跑?因为香港生活好,为什么香港生活好?因为有工作。那么就应该搞几个加工出口区,在深圳搞加工出口区。后来,中央知道了,干脆让深圳、珠海、厦门、汕头这几个都搞吧,叫加工出口特区。小平同志说,干脆叫特区吧!当年我们在延安就是个特区。当时反对的人就说那是政治特区,小平同志说,那我们就叫经济特区。可见特区也是被逼出来的。以后在这个基础上一步步发展起来,推动改革创新,后来在这几个特区的基础上推动沿海14个城市都开放。这是在特区基础上进一步发展起来的。

第四,民营科技企业。以前没有民营企业这个提法,只有民营和科技企业是相连的。这是因为1984年中央作出关于经济体制改革的决定之后,相继作出科技体制改革的决定和教育体制改革的决定。这几个决定作出之后,北大、清华,中关村高校这一批教学研究人员就坐不住了,就出来办企业。柳传志就是个典型,当初有五大企业,现在剩下比较拔尖的,就是他了。他当初就是在科学院计算机所工作,一天到晚提个水壶打水看报纸,他觉得这么混下去没意思,就和几个人一起商量借点钱自己办企业。就这么闯出来的。1984年,借科学院20万元,现在都几百个亿几千个亿了,就这么起来的。这个过程很曲折。柳传志他们很幸运,农村就没那么幸运了。后来对应的一批乡镇企业,如浙江传化集团,原来是徐传化做肥皂水洗衣粉的,老头子他不懂科技,后来,他就请大专院校的教授和工厂的工程师礼拜天到他这儿来加个班,指点指点。这里面好多故事。徐传化鼓捣肥皂水不凝固,工程师一来,它马上就凝固了,就成肥皂了。就问这是什么技术,他就说这是技术秘密,不能告诉你。后来,他好说歹说,就告诉他了,就是在里面加点盐加点氯化钠就凝固了。从那个时候,人家就知道科技很重要了。到1983年这个时候"一打三反",全国有好多地方把这些星期天工程师说成是擅自干第二职业,抓了起来。这个时候,新上任的科委主任是宋健同志,我拜访的时候就问他在忙什么,他说我在忙着放人,他说全国抓了几万个科技人员。星期天工程师帮助乡镇企业解决技术难题,这几十块钱几百块钱的收入就叫贪污,按贪污犯来处理关了好几万人。这就触动了科技体制的改革。民营科技企业是这么来的。

第五,私营企业,更复杂。它经过了从不合法到合法,从"补充"到体制内的"重要组成部分"的完整过程。

围绕私营企业争论最大的是两大问题:第一个问题是雇工,第二个问题是长途贩运。在传统的共产党词典里,雇工就意味着剥削。所以,当初批准个体户的时候,只许他们自己干,不许他们搞雇工。后来个体户逐步做大,就出现了雇工现象,最典型的就是芜湖傻子瓜子,第二就是广东高要县的陈志雄包鱼塘。傻子瓜子老板叫年广久,这人没多少文化,但很会经营瓜子。现在他儿子接班了。他雇工最多时雇100多人,地方政府一看这家伙是新资本家,把他抓起来了。反映到北京,小平同志说不能抓,一抓影响就大了,赶快放,就放了。第二次又抓了起来,地方政府不满意又抓了,小平同志又说,不能抓,放。这个争议很大,舆论说是搞资本主义。这是第一个事情。当初叫雇工,现在叫就业。你看,观念一变,罪过变成功劳。

第二个事情发生在广东高要县包鱼塘的陈志雄身上。他看生产队年年放鱼不见鱼——都给偷光了,他就和生产队签合同,交多少钱,鱼多鱼少都是我的。他一个人看不过来,就雇用一些人看了,这就是雇工。这个时候一大批记者就反映广东沿海出现雇工剥削现象。奏本奏了上去,中央争论很激烈。《人民日报》还专门讨论陈志雄包鱼塘,说什么的都有,要害是雇工问题,究竟允许不允许雇工。杜润生同志很聪明,就说能不能换个词,叫做农村的种田能手、城镇的能工巧匠,可以请帮手带学徒,不叫雇工。请帮手带学徒,请一两个帮手带三五个学徒,最多不能超过五个,后来发展到不超过七个。傻子瓜子不止七个而是几十个,最后反映上去之后,陈云同志说,你们说不能超过七个,现在事实上已经超过七个了,怎么办?有人说好的,还有人说坏的。陈云同志讲,不要急急忙忙表扬肯定,也不要匆匆忙忙批评制止,看一下再说。从1982年一直看到1987年五年时间,最后十三大报告用这个初级阶段理论解决了。

小平同志在几次同外宾的谈话中讲,你们不要叫我们社会主义,我们不够格。他跟几个非洲国家领导人说,你们不要夸我们是社会主义,什么是社会主义,我们现在还没有完全搞懂,不够格。我们只能叫社会主义初级阶段,初级阶段生产力很不发达,各地发展不平衡,生产关系和生产力很不适应。初级阶段理论解决了这个问题,解决了雇工的问题。同样一个问题,以前叫雇工,现在叫就业,这是民营企业的一大贡献。同一件事情观点不同,就有完全不同的结果。

第二个问题就是长途贩运。长途贩运不搞,流通怎么行呢?计划经济认为,长途贩运就是投机倒把。投机倒把就是触犯刑法,20世纪90年代末才改了。最典型的就是温州的"八大王"事件。温州有四个男孩能做生意会跑买卖，赚了钱，盖了新房。省里的领导同志汽车停在那儿，一看他盖着小院，还有摩托车，断定那几家不务正业。查一查他们哪里来的钱，结果查处了八个代表人物，叫"八大王"，抓的抓，逃的逃。那时候，我所在的《人民日报》对长途贩运连发了三篇文章，第一篇说，长途贩运不是投机倒把；挨了批，只好写第二篇，说长途贩运是投机倒把；过了半年，才再次肯定长途贩运不是投机倒把。你们看，这中间多曲折，有多难！

这两个事例，就是靠1987年十三大的初级阶段理论才解决的。1989年"六四"事件赵紫阳出事之后，邓小平在接见戒严部队军以上领导干部时讲，十三大报告中一个字都不要改，就是这个道理。不能因为是赵紫阳作的报告就把十三大报告给否定了。

私营企业合法了，并不等于认识问题就解决了。合法了不久，1989年"六四"事件就来了，以后就是批资本主义和平演变。那年我在中央党校学习，办了两个班，一个是改革开放班，另一个就是反和平演变班。那时候就提出了两个中心，一个是以经济建设为中心，一个是以反和平演变为中心，中组部发了个文件，共产党员不能办私营企业，否则要退党。那时候有人认为和平演变的经济基础就是个体私营经济，所以从1989年下半年到1992年上半年，不少私营企业、个体经济也不想干了，那时候私营企业有八万多家。

这个时候邓小平南方谈话发表，提出改革开放迈不开步，要害是姓资姓社问题，他说的话很多。什么叫社会主义？他始终没有给社会主义从正面下定义。你们搞研究的同志注意，邓小平讲社会主义是采取排除法：贫穷不是社会主义，社会主义要消灭贫穷；发展太慢也不是社会主义。他就是这样用排除法，始终没有给社会主义从正面下定义。最后回答的时候就是"三个有利于"：有利于解放发展生产力，有利于增强综合国力，有利于提高人民生活水平。这三个有利于，也没有给社会主义从正面下定义。

一些理论家们天天喊社会主义，其实他们自己也没有真正搞清楚。小平同志很谨慎，说不清楚，你们就那么高明？最多是搬斯大林的社会主义教条。南方谈话还解决了计划与市场问题。资本主义有计划，社会主义有市场，计划与市场都是手段，社会主义也可以实行市场经济。1992年中共十四大，确认改革目标是建立社会主义市场经济体制，1997年中共十五大，确立了基本经济制度，社会主义初级阶段是一个相当长的时期，这个时期是要坚持公有制经济和个体私营经济等多种经济成分共同发展。个体私营经济是社会主义市场经济的重要组成部分。这表明，个体私营经济从体制外的"补充"转变为体制内的"重要组成部分"，这是很大的变化。初级阶段理论解决了合法化问题。到了小平南方谈话后，有了市场经济理论后，可以理直气壮地讲平等竞争。都是公有资本，你怎么去竞争呢？没法去竞争，它可以打架，不能竞争，几个寡头搞不好也打架，这不是竞争了。所以只有多种经济成分并存，它才能竞争，竞争之后才能形成合理的价格，过去定价，不是按照供需关系，不是按照竞争来定价。邓小平南方谈话解决了多种所有制经济平等竞争的问题。

十五大确立了社会主义初级阶段的基本经济制度，十六大也有重大发展。十六大的重大贡献在哪儿呢？主要是实现了由革命党向执政党的转变，这主要体现在"三个代表"重要思想之中。共产党由革命党向执政党的转变，其实在八大一次会议邓小平作修改党章的报告时，就提出了共产党从革命党向执政党的转变，以后就不提了。十六大，江泽民同志在报告中提出共产党执政之后的"三个代表":代表最广大人民群众的利益,不仅是代表无产阶级的先锋队,而且是代表中华民族的先锋队。提出了基本经济制度和两个"毫不动摇",毫不动摇地巩固发展公有制经济,毫不动摇地鼓励私营经济的发展。一个"统一",把两个统一在整个现代化建设进程之中。再一个就是保护私有财产,在共产党的文件中第一次提出保护私有财产,还提出按劳动分配和按要素分配相结合,按劳动、资本、技术、管理等要素的贡献大小进行分配,把民营企业里的剥削问题回避了。大家如果留意的话会发现,1999年到2000年、2001年,理论界花了三年的时间讨论劳动价值理论,最后得出一个结论:"私营企业主剥削剩余价值",这个问题如果不回答,就又可能把现在的民营企业主打成剥削阶级。江泽民同志在党校讲按要素贡献大小来分配,这是个很大的突破。我们民营企业的同志们要领会这一条。因为在共产党的经典著作中,私人占有生产资料、占有剩余价值和雇佣劳动,这三个前提后是剥削。共产党的使命就是消灭剥削。现在还有许多同志坚持这个观念,认为中国已经形成了一个庞大的新生资产阶级,如果按照这个理论来继续革命,就要重复毛主席老人家的错误:从新中国成立初期基本矛盾的形成到加速过渡,以后坚持专政下的继续革命,最后到1975年批刘斌的一封信,提出资产阶级就在共产党内。我1979年去采访过刘斌,我问刘斌是怎么回事,他说,他写信告迟群、谢静宜,请小平同志代转呈毛主席。毛主席批道,这封信把矛头对着我,说是永不翻案,靠不住啊。搞社会主义革命不知道资产阶级在哪里,就在共产党内部,走资派还在"走"。以后就不停地批邓了,一直到主席去世,他还是在不停地"革命"。这是什么原因?就是因为把革命党与执政党混淆了。共产党执政之后,主要

中国民营经济的昨天、今天和明天——民营经济任重道远

任务是发展生产，建设社会，怎么还用当年夺取政权的革命理论指导执政以后的实践呢？完全错位了。粉碎"四人帮"之后，小平同志很快提出，让一部分人先富起来，贫穷不是社会主义。以后江泽民同志又进一步发展，提出"三个代表"重要思想。所以十六大有重大理论突破，承认出现了新的社会阶层，他们是社会主义的建设者，可以评劳模，可以入党，这是平等的。到十七大的时候，对民营经济重申了十六大的"两个毫不动摇"，加上前面"两个平等"，即平等竞争、同等保护。

但是，在十六大之后，一视同仁、平等竞争的原则贯彻落实得并不理想。所以，全国政协委员厉以宁老师带领一个调研组到三个省作了考察，给中央写了一个报告，反映民营企业发展存在的问题，有四大问题：一是市场转入难；二是税费负担重；三是融资难；四是权益保障存在许多问题，民营企业的合法权益经常受到侵害，建议中央出台文件。温家宝总理批示了，21个部委调研了一年，在2005年2月17日出台了"36条"，就是放开民营资本，让它们进入各个领域。但是后来，在国际金融危机冲击下，为了拉动国内经济，出台了一系列刺激政策，四万亿元人民币投资下来之后，各地方争抢四万亿的蛋糕，权力配置资源强化了，那时候国家发改委周围挤满了人，要钱，要项目。民营企业投资在一定程度上受到了挤压，民营企业反应很大。2010年中央又出台了"新36条"，"新36条"对民营企业的称呼比较客气了，不再称非公有制经济了，改称民间资本。"新36条"有一个突破，就是允许民间资本兴办金融机构。老36条只允许参股进入这个领域，而"新36条"允许民间资本兴办金融机构。我们银监会主席大概没有看这"新36条"，他说民间资本早就向你们开放了，你们可以入股，可以买股票。我一看，发现他怎么搞错了，中央是允许民间资本兴办金融机构，做银行等金融机构的发起主体，你怎么说早已经进入了，就不需要改革了？领导学习很重要，他不学习就麻烦了。清明前，温总理到我们泉州来，泉州的老板跟总理对话，直截了当，提出民间借贷的烦琐，等到了批准贷款这个企业就完了。

这个"新36条"要求2012年上半年出台细则，总理在"两会"上讲了两次，讨论政府工作报告的时候，也讲了尽快出台"新36条"实施细则。2012年上半年，国家发改委专门开了个会，有的部委反应不怎么样。因为涉及两个问题，一是公有制为主体，现在私营企业占有多大的比重？事实上，公有制已经不是主体了。二是国进民退。在这个问题上分歧很大。不少人否认国进民退。有人对我说，什么国进民退，纯属胡说八道。我认为，是不是国进民退，关键是看金融等资源如何配置，权力配置资源，就难免国进民退。宏观调控以来，实际上权力配置资源进一步强化，许多资源不是配给民营企业的，而是向国企倾斜。离开问题的实质，说不清楚。现在，不少人对民营企业还是不那么放心。他们脑子里想的还是用三句话来概括，生产资料私有制，雇佣劳动，占有剩余价值，这都是剥削。这些东西根深蒂固，嘴里说是社会主义建设者，是社会主义市场经济的重要组成部分，脑子里想的还是那些。所以每出台一些政策，都要多少受影响，不可以痛痛快快的。

垄断部门就是用这种意识形态来维护自己的垄断利益，因为怕民间资本进来之后就马上形成紧张的状况，就会引起竞争，就会显出高低。比如说石油的问题，石油的价格为什么那么高，就是垄断造成的，如果有了竞争，真实的成本就出来了。市场经济就是要竞争，没有竞争，形不成真实的价格。我们的电价，我们的电话通信费，所有成本，它们说了算。如果有竞争，价格马上就降下来了。为什么有些民企有这样的心理：国家越是不让它搞，它一定要搞，什么道理？你看同样的钢铁厂，民企搞三年就会搞起来，国企搞了七八年搞不起来。垄断寡头最怕你进来引起竞争。

所以讲顶层设计，由谁来设计，怎么设计，是个问题。顶层设计要与群众首创结合。如果不根据下面的首创精神来进行设计，设计出来的东西是行不通的，最后阻碍经济的发展。问题在这儿。

还要看到，中国的就业是一个大问题。靠少数几个垄断企业解决不了每年新增2500万左右的就业人口。从解决就业这一个问题出发，我们也应该破除垄断，放宽市场准入，发展民营经济。不发展民营经济就解决不了就业问题。解决民生问题，让老百姓过好日子，靠什么？靠充分就业，还要让大家放手创业。仅仅靠就业，靠那么一点工资是富裕不了的，还要靠自己创业来增加收入。最近几个月，经济增长速度连续下滑，国家着急了，所以要启动民间投资，激发民间创业的积极性。现在我跟民营企业老板讲，你们不要急，你管好自己的钱包，现在时机到了，为什么呢？今年一季度增长速度下来了，像北京、上海、江苏、浙江、广东这几个省市都下来了，都是在2、3、4、5这个水平。拉动经济增长的三驾马车，投资还是主要的一驾。今年外贸计划增长10%，去年增长了8%，对经济拉动是负增长的（−0.5%）。

消费现在暂时起不来，因为买房、买车受到限制，这两个大头受到影响，消费就起不来。分配问题还没有解决好，消费拉动的4个百分点之外，还是要靠投资拉动。投资今年增长18%，今年投资是36万多亿元人民币。中央财政只能投4000多亿元，零头都不到。其他35万亿元将近36万亿元哪里来？靠地方政府，地方政府靠卖地，卖不出多少钱，地方政府融资平台10万亿元。所以只能拉国企投资。从去年以来各地方纷纷拉央企，包括福建也一样拉了一些央企过来，央企到各个地方投资差不多13万亿元。13万亿元从哪里来？是银行的。国资委主任带央企，央企再带着银行行长一起过去，跟地方签约。这总不是办法，最终还是得靠民间投资，就是有13万亿元，还有20多万亿元要老百姓投资。

四 民营经济的"明天"

（一）开放投资领域，激活民间资本

民营经济的明天怎么样？我认为，前途光明，任务繁重。

现在看得很清楚了，投资还主要靠民间。经济能否稳中求进，最终要看能不能把民间资本动员起来。所以现在特别提出向民间资本开放的七大领域。七大领域，一是铁路开放。铁路原来是很难让民资进去的，但是现在变了，欢迎民资了。去年底，我到新疆去看了一下新疆广汇集团，它在两个矿山之间，把600多公里的铁路修起来，民企投资。这条铁路不是搞全国客运的，它是货运专线，100多亿元就干起来了。它以后跟中亚其他铁路连起来。

二是金融向民间资本开放。温州是个突破点。据说泉州也想办一个金融创新示范区，泉州准备就金融这一块向民间资本开放。希望泉州的银行有突破，突破什么？打破过去的传统模式，让民间资本控股，做主要发起人。过去，小银行的组建必须由国有商业银行控股20%以上，而且作为发起人。这个规定不是很合理。我曾经对温州金融改革试验区

作过评价，是否真正放开，就看能否真正让民间资本作为发起人，要让民间资本控股，而不要再由国有商业银行来控股。温州金融改革有两个问题没有解决：一是利率市场化没有解决，小银行利率不高，它是无法生存下去的；二是小银行应该有存款保险，没有保险谁敢把钱存到那里去？这两个问题如果说在泉州有突破，民间资本就能活跃起来。

三是能源领域，包括新能源领域。这里民间资本进去是不少的。

四是电信。增值业务充分向民间资本放开，如电子商务。

五是城市公用事业。

六是教育。关于民办教育的意见，我认为不改革民办教育是发展不起来的。我们的《民办教育促进法》有多少条是"促进"的？这个《民办教育促进法》实施一周年的时候，我说了一句话，与其叫促进法不如叫促退法，因为管得太多太死了，束缚了手脚。希望教育主管部门真正解放思想，广开学路，让民间办学，满足青少年的学习愿望。

最后一个是医疗。医疗现在是存量的改革，光靠存量的改革是不行的，光靠现在政府来还欠账，增加社会福利保障也是不行的。真正解决问题是要靠大量民办医院发展起来，所以我建议有远见的民营企业老板往教育或者医疗方面去试一试投资。特别是先办办教育，培养师资力量，培养医护人员。这个需求是不得了的，因为中国13亿人口，很快就进入了老龄化社会。以后靠现有的医疗机构是远远满足不了需求的，需要大力发展医疗保健事业，这是需要人才的。

（二）发展民营企业要解决两个认识问题

今后几十年，民营经济应该有更大程度的发展。因为，全面实现

小康目标，完善市场经济体制，需要民营经济。民营经济的发展，需要政府创造良好的发展环境，首先是理论上要有一个更大的突破。第一，我们的国有企业应当干什么？第二，我们的民营企业究竟是什么？这两个问题要回答。

国有企业应当干什么？这似乎是个常识问题，但常识往往被忽视了。从1984年改革重点转到城市之后，经历了承包经营责任制等几个阶段，但未解决问题。1994年后市场化的改革也未解决问题。1997年，中共十五大提出了国有资产要有进有退，国有资产要向涉及国家安全的行业和领域集中，一般竞争性领域向民间资本开放。但是哪些行业和领域涉及国家安全，并不是很明确。2003年、2010年两个"36条"之所以贯彻不了，就是因为国有企业打着国家安全的旗号，无边界地扩张，挤占了民间投资空间。该干什么没有好好干，不该干的乱占地盘，这是个问题。前几年一直讲，现在讲的比较少，但是偶尔又冒出来，说国有企业是共产党的执政基础，这句话是什么意思？国有经济是执政基础，民营经济是什么？也应该是执政基础。共产党执政之后与执政之前是大不一样的，不能用执政之前的那套理论来看待当今的民营经济，不能说国有企业是我的基础，民营企业就不是我的基础了。所以要搞清楚国有企业应当干什么，国有企业干应该干的事情，不能排斥民营企业。

国有企业占了大量资源，21世纪初，国企欠银行23000多亿元的坏账，谁给买单的？下岗职工几千万上亿的人，工人付出这么大的代价。现在的国企领导人都想着垄断地位，说是缴了多少税，税当然应该缴，但上缴了多少利润呢？缴了500多亿元，但是国家同时投了600多亿元。真不像话！但它们还很有怨气，说过去搞得不好你们骂，现在搞得好你们又骂。什么道理?你该干什么没有好好去干,不该干的,如房地产干了很多。所以国有企业应该干什么,这个问题要搞清楚。

关于民营企业是什么的问题,我们再也不能沿用马克思当年在资本主义发展初期的那个理论来看待当今的民营企业。共产党执政后的民营企业与执政前的私营企业是根本不同的,共产党执政前搞革命,要动员老百姓、工人起来革命,要用革命的理论,执政后要用执政的理论。在共产党执政条件下,对民营企业应该有一个新的看法。因为创办民营企业的这些人,不是资本家,而是基层群众。否则,继续沿用无产阶级专政条件下继续革命的理论,就要犯毛主席的错误。邓小平英明就英明在这里,停止阶级斗争,一心一意搞建设,改革开放,就是动员人民群众共同创造财富,让一部分人先富起来。人民群众响应号召,办企业,创造财富。我觉得应该给现在的民营企业一个定位,就是人民群众自己创造财富、自己解放自己的经济形式。这些民营企业正在向自由人联合体过渡,应该是这么看。

如果这么看的话,就应该一视同仁,就不存在这是国有,那是私营,搞所有制歧视的问题。马克思不是讲了"自由人联合体"嘛!中国民营企业将来发展的目标是这个。如果这么看的话,那么基本经济制度改一个字就行,"公有制为主体,多种所有制经济共同发展"改成"公有制为主导,多种所有制经济共同发展"。这样改,并不改变性质。主体是一个数量的改变,主导是一个质量的改变。这样可以说是理论上的突破。

(三)理顺五大关系,深化六方面改革,促进民营经济健康发展

为了进一步健全社会主义市场经济体制,还需要进一步理顺五大

关系。第一个是理顺政府与市场的关系。发展社会主义市场经济，要市场配置资源，政府发挥宏观调控作用。政府配置资源，一是效率不高，二是容易产生腐败。现在的问题就出在这里。这方面要下大决心改革。政府只能创造环境，市场主体是企业，企业创造财富。因此，要大大减少审批。

第二个是理顺中央和地方的关系。要在划清事权的基础上划分财权。这就涉及财税体制改革。从秦始皇统一中国以来，这个问题都没有解决好。毛主席论十大关系，第五大关系就是讲地方跟中央的关系，也没解决好。中央政府管什么，地方政府管什么，在划清事权的基础上划清财权，地方政府才能没有怨言。1994年财税体制改革后，财权上收，事权下放，地方财政紧张，现在下面的同志意见大极了。表面上大家说的都是一套，实际上心底里、骨子里却骂上面"不了解情况"。因此，中央跟地方的关系问题也要理顺。

第三个是理顺城市与农村的关系。实际上就是解决城乡二元结构、二元体制的问题。李克强同志讲得很清楚，工业化、城镇化和农业现代化三化合一。将来民营经济在这个方面发展机会相当多。中国经济将来持续发展的空间在哪里？就是城镇化，将来的希望就在城镇化。解决城乡二元体制问题，这是一个大事。二元结构早就有，体制依据是1958年一月份公安部的一份文件。1958年1月份公安部的文件一发，城市户口和农村户口从此一分为二，城里人跟乡下人，待遇就不一样了。现在的农民工进城了，但还不是市民，享受不到市民的同等待遇。将来城镇化了，基本公共服务均等化了，城乡才能真正平等。

第四个是理顺经济与社会的关系，就是经济发展与社会发展的关系，要大力兴办教育、医疗卫生健康等社会事业。这方面的欠账不少。

发展经济的目的，是为了改善人民的生活，以人为本，就得加强社会建设。社会主义，不能只讲主义，不建设社会。

第五个是理顺政府与公民社会组织的关系。现在政府管的事太多了，管了许多不该管、管不好、管不了的事。这些事应当交给社会组织去办。因此，要理顺与社会组织的关系。这方面的改革广东早就开始了。

深化六个方面的改革。第一是财税制度的改革。财政税收改革难度很大。

需要搞清两个问题，第一是刚才讲的中央跟地方政府的事权，第二要搞清什么叫"税"。我曾请教税务总局的同志，什么叫"税"？"税"是什么东西？他说"税"就是"税"，我说现在只知道收税，不知道税是什么东西不行。我认为，在市场经济条件下，税收是公民购买公共服务的支出。既然是这样的话，税就应该是法定，而不是权定。法定，就要经过全国人大审议通过。现在24个税种只有两个税种是经过人大的，其他都是有关部门定的，按照这个来划定，离税制改革还远着呢。再往下是税制。现在间接税太多，直接税太少，大量税收在间接税里隐藏着。买一个馒头，买一瓶水，这里面30%都是税，税收隐藏在里面。为什么大家都说中国不少商品的价格比国外高？为什么好多人认为幸福指数不高？就是因为税重。财政部说，不重啊，收的不高。看法不一致。应该是以直接税为主。大家为什么到国外去买奢侈品？柳传志也发牢骚，买他的电脑就是比人家贵，他说我有40%的税啊。外资企业在这儿，它就免了，我就不行，就这个道理。还有一个就是政策很多、变动快。你们老总有几个能说清楚？现在企业家不怕市长书记，就怕税务官，税务官进来之后就没你的好事，先把账封了，查出来之后罚款一至五倍，有个自由裁量度。这些家伙厉害啊！

所以这税收制度改革涉及的问题不少，改也难。还有一个税收的分配问题。1994年财政体制改革，朱镕基同志一个省一个省地谈，他强势啊，现在就不敢这么谈了。他一个省一个省地谈，哪些税收是我的，哪些税收是你的，哪些是我们共享的；共享的你拿多少，我拿多少，这么定下来。那个时候他功劳很大，解决了中央财政占比过少，中央没钱向地方借钱的大问题。中央财政从20%左右上升到53%，这下子中央有钱了，就可以号令诸侯，就可以转移支付。但是这个问题出来之后，驻京办就纷纷出来了。吴官正同志当纪委书记的时候就说驻京办是搞腐败的根源。我说，错了，驻京办为什么要"办"？因为钱和项目在你那儿了，不设驻京办，不请吃饭，不沟通感情，能搞到转移支付吗？1994年到现在18年了，18年情况发生了很大的变化。地方政府为了增加财政收入，就搞开发区。1994年以后，各地纷纷建开发区，就是这个原因。到1998年之后结束福利分房，开始住房制度改革。地方政府学会卖地，这地你扛不走，我卖地。房地产价格下不来就是这个原因。财政体制、税收体制不改革，房价是很难下得来的，症结就在这儿。1994年定的财税制度在实行18年后也应相应地调整了，在划清事权的基础上划清财权，这是第一方面的改革。

第二个是深化所有制改革，打破垄断，发展多种所有制经济。一些行业垄断要打破，民间资本应该要进去，这一方面相当困难。什么道理？这就是我刚才讲的那两个，一个是意识形态障碍，一个是既得利益。有些人在维护国家安全的旗号之下，排斥你，这要有一个思想大解放才行，现在，国资委动作频频。他们给我扣一顶帽子：要私有化。把那些意见当作私有化，挺吓人。其实不是那么回事。这叫公众化、社会化。民间资本进去以后，跟你们一块儿竞争，多好啊。

第三个是价格的改革。价格的改革恐怕今年也难。今年比较可行的是推行阶梯电价。要根据资源的稀缺程度和对环境的损害程度改革资源性产品的价格。

第四个是收入分配制度的改革。

第五个是事业单位分类的改革。这个改革大概要用五年时间。

第六个是政府自身的改革。这个是老生常谈了。政府改革，抓一条：减少审批。

温家宝总理今年开的这个单子，我看一个也完不成，最多能把分配制度的改革方案拿出来。方案拿出来，事业单位分类的改革方案要花五年的时间才能分得清楚。所以在这个情况下，民间资本要进去，进这个进那个恐怕难度不小。但是，形势逼人，这又是机会了。因为民营经济，我刚才讲那么多，民营经济从来都不是顺顺当当地发展起来的，而是在困难的时候，原来老的路子走不下去了，这个时候民营企业就被逼出来了。这叫倒逼机制。民营企业家，他们有头脑，往往在困境中冒出来的才是有本事。

现在已经有一大批民营企业冒出来了，你看，汉能集团，李河君搞水电。在云南，金安桥水电站，这个水电站比葛洲坝还大，投资八年就是不让它并网，不让它发电。八年实在熬不下去了，这个人真有毅力，一直坚持，主管同志快下台之前，才给它并了网。这一发电并了网之后，他投资搞太阳能了，我说太阳能你不能再搞，不会过剩啊？他说不过剩，过剩的是落后的产品。再说，国内过剩是因为国内还没有用起来，现在我们的太阳能发电电池主要是卖给外国人，我们耗能源，污染了环境，帮德国人去节约了。现在德国人还说我们倾销。如果我们国内用起来，情况就不一样了，现在就是一个价格问题，政府只要稍微补贴几毛钱，就可以解决了。许多看似民间资本不能进去的领域，民间资本就是有办法打进去。这一条，我们在机关里待久了的同志是想不到的，我们也没有这个本事。机关的同志可能官比他们做的大，但是本领没他们大，他们看到市场的缝隙，看到投资的机遇，能够钻进去。

民营经济的明天很有希望，但是，责任很重，为什么？责任重，重在哪儿？现在民营经济的形象不好，今天三聚氰胺，明天地沟油，后天这个那个，搞这些东西，损害了声誉，影响了形象。还有最近出现的老板跑路，老板跳楼自杀，有些人说，你们民营企业就是这样。其实，对这种现象也要进行分析，包括吴英那个案子，也要问个究竟。民企老板跑路往往是被银行逼出来的。原来好好的，借了我一个亿，以后又赶紧收，说先把我一个亿还了，我下一次借你两个亿，行不行？一还之后就不给贷款了，这就死定了。现在好多企业就是这种情况，光讲民营企业这样不行，那样不行，好多"不行"都是被环境逼出来的，包括吴英这个案子。吴英这个案子，在凤凰卫视我就讲了，在博鳌我也讲了，吴英这个案子情况不是那么简单的事。第一，她集资是面向11个人集资，11个人没有告她，检察院起诉，这是一。第二，她没有恶意诈骗，但法院硬判她死刑，她的资产先被拆散拍卖了，强迫她签字。哪有这么干的？谁侵权？更主要的是，她为什么敢用高利贷来借债呢？因为在那种投资热潮中，她看到预期很好，将来一增值，增值几倍，翻几倍，完全可以还。你一调控，把它拉断了，当然死路一条。好多事情都是行政干预造成的，是不是？

（四）民营企业要创新发展，克服自身弱点

从另一个方面讲，民营企业自身也有许多弱点。

第一,产权封闭,势单力薄。就是现在所有领域让你进去,你能进得去吗?你块头究竟有多大,像老许那么大的有多少?全国不到两万户。媒体就是炒作这两万户,今天讲这个,明天讲那个,好像中国民营企业大得不得了。其实,满不是这回事。全国900万户民企,注册资本就是25万亿,平均每户不到300万,大量的是中小型和微型企业,规模都很小,资本金有限。现在许多项目都是多少个亿,几十个亿,几百亿,你进得去吗?民营企业的优势是产权明晰,动力强劲,看得很紧。但是,这个问题的反面、背面,是势单力薄,不善于合作,往往是单打独斗,自生自灭。民营企业要克服这个弱点,就必须打破自身的封闭,学会与人合作,善于进行资源整合,早联合,早主动,晚了之后,一文不值。趁自己可以卖个好价钱的时候,赶快跟人家合作,这是一种制度创新。

第二,管理问题。民营企业要有自己的文化和核心理念,用企业文化、核心理念来管理企业。现在好多民营企业是家长式的管理,尽管学的是国外的管理,那是人家的东西,真正适合中国目前阶段的管理,好多企业没有真正学到。企业管理说到底是靠自己的企业文化,让大家对你有认同感,对整个企业有认同感。认同,认同什么?认同你的核心价值,你的理念,最终有归属感,最终我这辈子跟定你了,我的孩子都愿意跟着你一块干。用这个标准来衡量,我们99%以上的企业没有过关。为什么现在闹民工荒,一过年一放假人家就不来了?这一关非过不可。现在比较大的企业,联想、华为,都有自己的企业文化和管理经验。

第三,经营模式的创新。现在我们的经营模式很陈旧很单调,就是打个价格战。没有自己的商业渠道,也没有自己的品牌,就不可能有好的商业模式。要有自己的品牌，要有自己的商业渠道。

第四个是科技、技术创新。你看恒安集团，妇女用品也有科技创新，包括许多高新技术产品。

第五个是风险防范的创新。民企好事不出门，坏事传千里。民营企业内部，风险防范还是个管理问题。大连市的徐明不见了，怎么回事？大家都在猜测，民企现在也是社会热点，媒体就炒作这些东西。不仅要搞媒体的公关，更主要的是内部漏洞的问题，要防漏洞、堵漏洞。

总之，民企的明天很有希望，有很重的责任。"十二五"过了，"十三五""十四五"，将来民营经济数量可能有发展，更重要的是质量。将来的民营经济，恐怕多数是股份制民营企业，私人独资企业是少数，国有企业也不是国有独资，也是股份制企业。九九归一，归社会。民企现在做大了，就不是你自己的了，你做得越大，越是社会的。国有企业将来也逐步股份化了，引进民间资本，基本上也社会化了。这才是社会主义。将来民企、国企更加社会化，这才叫社会主义。这恐怕也要三五十年之后了，到新中国成立一百周年的时候就差不多了。但条件是理顺五个关系，深化六个方面改革。如果不改革，可能走回头路，所以，十八大后进一步改革就大有希望。

泉州情况是很不错的，我查了些资料。去年以来，几个经济发达地区——民营经济发达地区，长三角、珠三角，包括温州、泉州几个地区数据比起来，泉州各方面指标都在前面。最近我们省长苏树林同志，专门过来对泉州民营经济作了些部署。泉州市政府给省里还提交了一个报告，准备把泉州设为一个金融服务实体经济综合改革实验区，准备申报是不是？这是一个很好的势头。泉州之所以如此发达，就是靠民营经济，将来我们还是民营经济。我就讲这么多，供同志们参考，谢谢大家。

[互动问答]

1. 如何看待民营企业家进入人大或政协?

听众A：

您好，我的问题就是现在很多民营企业家他们大量赚钱，那么他们进入人大或政协对企业和将来他们的发展有怎样的影响？

保育钧：

好，提得很好，刚刚没讲，民营企业家进入人大或政协，这是改革开放的伟大成功。既然是市场经济的重要组成部分，理所当然应该有它们的代表进人大、进政协。现在，这些代表、委员不是多了而是少了。现在有些人认为，你看看，这些人掌权了。错了，人大代表和政协委员，是民意代表，不是掌权的公务员。人民代表大会按照人大代表选举法，只要是中国公民都有权，都有资格，更何况是作了那么大贡献的民营企业家。中国不缺人，不缺官，缺的是企业家，企业家是最宝贵的资源。如果说人大代表当中再多一倍民营企业家，反映的意见建议多了，情况就好得多了。现在不是多了，而是少了。政协委员中更应如此，政治协商机构更应该这样。怎么选举，怎么产生，这里要依法进行，防止暗箱操作，是搞社会主义市场经济，他们作出那么大的贡献，为什么这些人不能够作为代表参加，影响决策，参与决策？这是理所应当的。所以，通过合法的组织，有序的政治参与，影响参与决策，这是民营企业家重要的社会责任。前一个时期，民营企业家的社会责任就是捐款，捐款当然很重要，但更重要的是推动中国政治体制改革，这是市场化的改革，这是更大的社会责任。我们不敢去当人大代表，好像当人大代表别人有意见，错了，理直气壮地竞选、争取。我就是这个态度。

2. 如何看待大型企业为享受国家对小微企业的扶持政策，从主体中脱离业务成为小微企业？

听众B：

有消息指出，有些大型企业为了享受国家对小微企业的扶持政策，特意从大型企业的主体中分离一部分业务独立出来，成为所谓的小微企业，您如何看待这种现象？

保育钧：

上有政策，下有对策。说明它很聪明，但是不太高明。高明的应该是，大型企业有相应的政策，它应该用好大企业的政策，不应该与小兄弟争那么一点蝇头小利。现在，今天要讲的，是希望泉州市的同志和厦门市的同志能够注意这个政策，今年用于科研的投入，超过一万亿元，一万亿元分在各个部门、各个司局、各个司局的处里。这些钱怎么用？应该扶持小企业，大企业有自己的优势，小企业没有这方面的优势。它们应当高明些，盯着那个大头，盯着那个小头没出息。真正高明的要找准路子，编好故事，最后拿到票子。

龚维斌简介

龚维斌 安徽长丰人，1997年毕业于中国社会科学院研究生院，获得社会学博士学位。先后到美国锡拉丘兹大学马克斯维尔学院和英国约克大学访问进修。曾挂职任江苏省海门市副市长。现任国家行政学院社会和文化教研部主任、教授、博士生导师。

龚维斌的主要研究领域是"三农"问题、社会阶层与社会发展问题以及公共危机管理。他所讲授的专题包括：当代中国阶层结构变迁、小城镇建设与中国现代化、全面建设小康社会与中国现代化、"三农"问题，妥善处理各种利益矛盾、构建社会主义和谐社会、突发事件处置与公共危机管理，加强社会建设和管理、推进社会管理体制创新、协调阶层关系、保持社会稳定，以及社会调查研究方法和现代公务员培训方法。

在学术研究之余，龚维斌还经常为中央和地方政府官员授课，曾担任过全国县委书记、县长"建设社会主义新农村"培训班专题主讲教师，也曾为省部级、厅局级等领导干部授课。

龚维斌参与过多项国家重点和重大社会科学课题研究项目，主持完成省部级课题2项，出版著作多部，发表学术论文40多篇。在《社会学研究》《国家行政学院学报》《中国行政管理》《人民日报》等报纸杂志上发表论文近百篇，多篇论文被《中国人民大学报刊复印资料》和《新华文摘》全文或部分转载、摘登。在2005年，他被评为2000~2005年度中央国家机关优秀党员。

社会转型发展与社会管理创新

龚维斌　　　　2012年5月14日

　　大家下午好！非常荣幸也非常激动，刚才李书记还有陈主任给我发了聘书，还给我戴上校牌，现在我变成了华人人，感觉到非常荣幸。华侨大学在我上学的时候也是心目当中非常好的一所学校，这些年华侨大学又有了新的发展。今天能够成为在座的各位领导、老师同学中的一员，真是感到非常激动、兴奋。

今天下午我想第一次以华大人的身份向大家作一个报告，讲"社会转型发展与社会管理创新"这样一个题目。

我国改革开放30多年非常重要的一个特点就是社会转型发展。社会学界在20世纪80年代就提出了一个重要的概念叫"社会转型"，社会转型首先是中国社会从农业社会向工业社会转变。去年我国GDP中农业的比重已经占到10.1%，第二、三产业已经占到90%左右，所以说我们已经不是一个农业大国。第二个转型就是我国已经由农村社会变成了城市社会，去年中国的城镇化率第一次突破50%，达到52.27%，这是非常重要的城乡结构、社会结构转型。第三个转型是从封闭社会向开放社会转型，这是一个大趋势。在社会转型过程中，党中央有一个表述叫"四个深刻变化"，所谓"四个深刻变化"是指经济体制深刻变革、社会体制深刻变动、利益格局深刻调整、思想观念深刻变化。所以说改革开放30多年总的一个特征，用一个字来表达就是"变"，这个"变"就是转型，转型并且发展着。改革开放以来，我们取得了巨大的成绩，同时也积累了很多风险。我们应对这种风险的能力还不够强，怎样进一步消除这些风险、管理好这些风险？这就需要加强社会创新和社会管理。根据这样的思路，今天下午报告四个方面的内容，一是社会风险不断加大，二是社会管理能力不强，三是以社会建设推进社会管理，四是在统筹兼顾中推进社会管理。

一　社会风险不断加大

先讲第一个方面的内容。刚才我简要描述了改革开放30多年的总体特征是转型发展，应该说我们的综合国力、人民群众的生活水平都在不断提高，但是在总体形势趋好的情况下，我们注意到在现实生活中经常会有一些悖论和困惑：一个是经济成就越来越大但社会问题却越来越多，一个是人民生活水平不断提高但群众不满意的地方却不见减少。为什么会出现这样的现象呢？这些年我作了一些思考，把改革开放30多年分成两个阶段，改革的前十几年和改革的后十几年对比着看，我注意到我国社会发生了五个转变。

（一）资源配置从扩散向重新聚集转变

第一个转变是资源配置从扩散向重新聚集转变。改革开放以前中国社会实行计划经济，在计划经济时期财富和资源主要掌握在国家或垄断在国家的手里、政府的手里，老百姓手里的财富资源比较少。当时实行平均主义大锅饭的分配体制，这种体制带来的结果是什么？人们劳动积极性不高，生产力不发达。所以这种体制到20世纪80年代就难以为继了，我国被迫进行了一场自下而上的改革，从农村开始向城市推进。农村实行家庭联产承包责任制，在农村发展商品经济，发展乡镇工业。这一系列改革措施极大地调动了农民的生产积极性，生产发展了，农民生活改善了。农村改革从80年代到90年代中期这段时间取得了巨大成就。

农村改革的成功经验很快被引入城市，城市从20世纪80年代开始向农村学习，搞改革。当时有一句话叫"'包'字进城，一包就灵"，城市向农村学习承包租赁，厂长经理搞承包租赁；在分配方式上实行工资加奖金制度，推行计时工资、计件工资，就是承包。所以80年代到90年代中期这一段时间城市承包式的改革取得了很大成功，工人的生产积极性被调动起来了，生产发展了，蛋糕做大了，普通工人的工资水平提高了，人们的生活待遇改善了。

刚才，我简要回顾和总结了 80 年代到 90 年代中期这段时间农村和城市的改革历程，它表明我们早期的改革是从基层开始的。生产是发展的，蛋糕做大了，工人、农民分享了改革的好处，吃上了蛋糕。所以把这个时期叫做"改革的普惠期"，大家普遍受益。

但是到了 90 年代中期以后，这个情况发生了一些变化，财富和资源开始向少部分地区、少部分人手里集中。带来的结果是什么？城乡之间、地区之间、不同群体之间发展的差距、收入的差距重新被拉大了。现在最大的问题是城乡差距。我这里用国家统计局的数据做了一个图（见图 1），1978 年到 2011 年中国城乡居民收入发展的差距，大家看一下是不是从 1993 年开始迅速拉大，到现在已经是 3 倍以上。尽管去年和前年城乡居民收入差距有所缩小，但是仍然维持在 3 倍以上。如果细心的话，你会发现城乡居民收入这两个数据不具有完全的可比性。农村叫农民人均纯收入，农民人均纯收入是实物和现金混合的概念。比如说去年全国农民人均收入 6977 元钱，并不意味着农民一年见过近 7000 块钱的现金。他打一斤粮食，养一只鸡，要按市场价刨去成

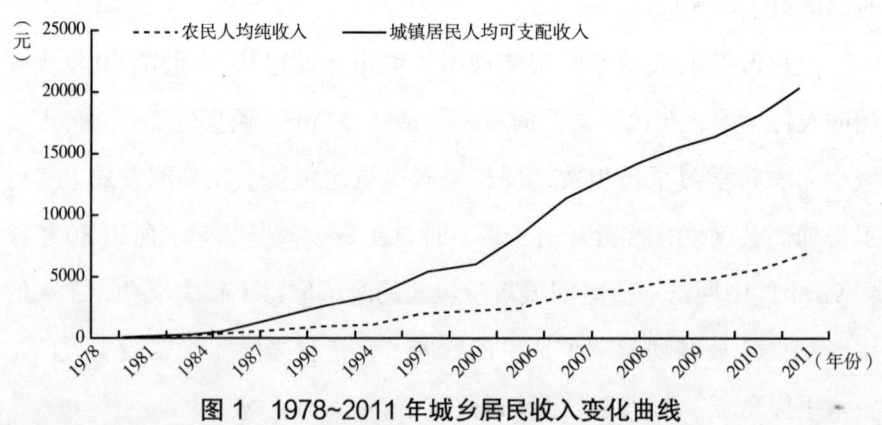

图 1　1978~2011 年城乡居民收入变化曲线

本计算收入。而城镇居民叫做人均可支配收入,这两个数据不具有完全的可比性。中国社会科学院经济研究所还有很多经济学家们研究认为,如果考虑到各种复杂因素,中国城乡居民的收入差距应该在四倍到五倍,这是世界上少有的。正是因为这样,所以现在最大的问题、最大的挑战是城乡统筹发展的问题。

去年中国社会科学院的专家在一个报告里面说,现在农村的发展出现一些困境,他们用了一个词叫"四大皆空"。前三个"空"是农村的产业、年轻人、住房空了,这个比较好理解,因为随着城市化的发展、人口的外流,出现了很多空壳村、空心村。第四个"空"是农村的干部也空了。农村干部"空"了是什么意思呢?我去年到西部地区去调研,一些省级领导给我讲了,我才明白。第一是指乡村的一些干部已经脱离了农民身份,他们变成了"走读"干部,不住在农村了,早晨到农村上班,晚上回到城镇住家,已经不跟农民打成一片了。更为严重的是,中西部一些地区的治理人才匮乏,一些优秀的青年考大学、外出务工、经商出去了,所以农村里面要找一个合格的村支部书记、村委会主任已经不是一件容易的事。也正是因为这样,这些年在西部地区大力推行大学生村官这个工作。当然也是为大学生的成长提供一个新的平台与契机。地区之间发展的差距也是很大的,我多次去调研西部12个省区,非常有感触。

这是我讲的第一个观点,就是改革开放30年如果分成两个阶段看的话,前十几年和后十几年不一样了。第一个十几年是改革的普惠期,近十几年进入了新一轮的利益调整期,或者叫财富和资源的重新聚集期。也正因为这样,这些年来在思想界、理论界有一股思潮在对改革进行反思,2006年前后这股思潮达到了顶峰。有一些经济学家

2006年春天在北京的西山聚集，开了一个会。他们认为改革出现了两极分化，出现了权威资本主义，所以有些人得出结论认为改革搞偏了、搞坏了。当然我们不能认同这样一个结论，但是他们说的这些现象确实或多或少存在。也正因为这样，2006年春天总书记和总理在两会期间不断地强调一个观点：毫不动摇地坚持改革开放路线。2008年总书记提出了一个大家耳熟能详的著名口号，叫"不动摇、不懈怠、不折腾"。

（二）社会结构从简单化向复杂化转变

那么，第二个转变是什么呢？是社会结构从简单化向复杂化转变。

1. 阶层变化

社会结构里面包括城乡结构、区域结构、人口结构、家庭结构、组织结构、就业结构，也包括阶级阶层结构。我刚才讲了六七种结构，实际上最核心的是阶级阶层结构。1978年以前，中国社会的阶级阶层结构比较简单，当时号称有"两个阶级一个阶层"，即工人阶级、农民阶级和知识分子阶层，大家分化不大、差异不大。讲农民，福建的农民跟我老家安徽的农民、跟北京的农民没有太大的差异，都是面朝黄土背朝天、日出而作日落而息。但是改革开放以后，无论是农民还是工人，还是知识分子，人们的社会地位都发生了翻天覆地的变化，发生了急剧的变迁。到底中国13亿人的社会地位发生了多大的变化呢？思想界、理论界、学术界甚至文学界、新闻界都在研究。著名小说家梁晓声写了《中国社会各阶层分析》。有一个著名的新闻记者现在退休了，现在在编一个很有名的民间杂志叫《炎黄春秋》，也写了一本厚厚的书叫《中国社会各个阶层分析》。学者也做了很多的研究。我是研究社会学的，我的博士生导师陆学艺十几年前就带着我们做了一个课题叫"当代中国社会阶层结构研究"，当时我们也到福建来调研。2001年，也就是11年前，课题组发表了一个报告叫"当代中国阶层研究报告"。在这个报告里，课题组第一次提出中国社会13亿人可以划分为十大阶层：第一是国家与社会管理者阶层，第二是经理人员阶层，第三是私营企业主阶层，第四是专业技术人员阶层，第五是办事人员阶层，第六是个体工商户阶层，第七是商业服业员工阶层，第八是产业工人阶层，第九是农业劳动者阶层，最后一个是没有职业的。这个观点在十几年前具有很大的影响，也有很大的争议。今天咱们不再讨论这个事，我想有很多老师、同学关注过这个观点。但是不管怎么说，当代中国社会不再是"两个阶级一个阶层"。这样一个事实大概不能否认，至于到底是十个阶层还是二十个阶层，我们可以继续研究。

2. 阶层向上流动困难

几年前我自己写了一篇文章，我说当代中国社会阶层出现了一些新的变化。第一个变化是什么呢？是阶层结构出现了定型化的趋势，阶层的边界清晰了，也就是说底层社会结构有固化的趋势。为什么会出现这样的情况？我的分析是向上流动率降低，就是说与前十几年相比，近十几年来底层社会向上流动的空间变小了、难度加大了、速度放慢了。有时候我给领导干部讲课，他们跟我讨论，说老师你讲得不对，"十一五"时期的GDP保持两位数增长，两位数增长就意味着可以创造很多岗位。有了就业岗位就要有人去占领，就有向上流动，社会向上流动率怎么会降低呢？用社会分层的眼光看，那些有优势的职业谁拿走了？我先说一个相关的例子。北京大学是比较好的学校，我的老师告诉我，20世纪五六十年代的时候，北京大学农村生源占到70%，城市的孩子占到30%。那个年代中国的城市化水平比较低,不到12%,80%多是农村人口,因此,农村生源占70%比较合理。去年网络流传了一个研究报告,说北京大学、清华大学现在农村生源只占到10%了。所以尽管在座的同学上大学和30年前我们上大学不一样了,大学由精英教育变成了大众教育——这是历史的发展、历史的进步,但是现在优质的教育资源在底层社会、在不同的社会群体里分布是极不均衡的。这是问题所在。

3. 阶层复制现象增加

也有同志跟我辩论说你讲的还是不对,改革开放以来已经有好几亿农民脱离了土地,进城务工变成了农民工,他们的身份地位已经有所提高,怎么叫向上流动率降低呢?我再讲一个观点,叫阶层复制现象。什么叫阶层复制?一个家庭里两代人之间,父母和子女在同一个年龄的时候拿职业地位来比较、来测量。比如说我20岁的时候考不上大学,从农村到北京去打工,当农民工。二十多年过去了,我四十多岁干不动了,我回家。我儿子20岁,他考不上大学,他再到北京去打工,他20岁的时候跟我20岁的时候都是农民工,这就叫阶层的复制。尽管他现在一个月拿2000块钱,20年前我打工只拿100块钱,他是我收入的20倍,但是他在社会上相对的地位没有根本改变,这就叫阶层的复制。复制是一个学术的语言,网络上有一个词跟它比较相近,叫"二代"。我们还可以造句:有官二代、富二代、穷二代、农二代、新二代,还有垄二代,就是垄断企业的二代。当然我们对"二代"现象应该辩证地分析,我专门写过文章分析这个事。昨天我在飞机上看《南方周末》5月10日的一篇文章,上海复旦大学有一个年轻博士采访了一些专家、学者、社会学家,写了一篇文章指出,知识分子和干部子女做官的比例比较高。当然,从研究方法来看可能不够严谨,但是它至少表明了存在社会阶层复制现象。

4. 出现失利阶层和失意阶层

在改革开放的过程中出现了失利阶层和失意阶层,因为失利可能产生对社会的不满。

5. 中产阶层发育速度放缓

这些年大家形成一个共识,社会要长治久安、和谐稳定,必须要培育一个合理的社会结构,中间大、两头小,叫橄榄形社会结构,就是穷人和富人都比较少,中间是比较富裕的。中国有句话叫有恒产者才有恒心,所以需要培育中产阶层。但是这几年由于房市、股市的波动不景气,中产阶层发展缓慢,这个我不细说,这是我讲的第二个变化。

(三)需求结构从低级化向高级化转变

第三个变化是什么呢?第三个变化是人们的需求发生了变化,由低级化向高级化转变。人还是那些人,但是现在的要求变了,出现了多样化、差别化、高级化的态势。

具体来讲表现在四个方面。第一,人们的基本需求得到了满足,吃穿住行基本需求得到满足,但是基本需求的标准提高了。我给大家讲一个数据,虽然我们都经历过那个时代,但是有些数据可能大家不一定完全知道。1978年的时候,我国农村贫困人口占农村人口的比例是多少呢?是30.7%,就是100个人中有30.7个人是绝对贫困,吃不上饭。什么叫绝对贫困?当时的贫困线是年收入低于100块钱。到了2008年,我国农村贫困线提高到了1196元,而贫困发生率却降低到4.2%,就是说100个农村人口中只有4.2个贫困人口。所以,现在吃饭已经不是一个太大的问题,但是,五年前中共十七大报告说现在民生问题突出了。基本需求满足了,怎么民生问题却突出了?这是因为现在资源配置的方式不合理,分配不公平。

第二,更重要的是人民需求的标准比过去提高了,人们现在追求的不是基本的生存,而是发展、享受,追求权利。我2002年至2003年在江苏省海门市挂职任副市长,这是一个县级市,当时主要是跟地方领导跑一跑,熟悉熟悉地方的情况。因为我们国家行政学院的老师必须要熟悉政府工作,不然的话没办法讲课。我们每天接触的学员都是各级领导干部,要熟悉他们,学院就把我派下去挂职做副市长,一年时间有很大的收获,跟地方同志结下了友谊。我回学院以后,2005年第一次重回海门,看到市长、书记,我就问他们现在工作压力大吗,他们说现在压力越来越大,因为他们靠近上海,过长江就是上海,当地老百姓见多识广,对干部的要求越来越高。老百姓说,有吃有喝,我不求你;不偷不抢,我不怕你;有了事情,我要找你;你不管不问,我要告你。所以基层干部现在压力非常大。这说明什么?说明基层群众的权利意识、维权意识、法律意识、自我保护意识越来越强。

第三,群体之间和代与代之间的需求差异非常大。每年春天,闽东南、长三角、珠三角这些地方招工往往成为一个问题,比较难,求职难、招工难并存。什么原因?多种原因造成。我认真分析过,其中一个原因就是新生代农民工的要求跟他们的父辈不一样。我曾经概括过,新生代农民工跟他们的父辈相比,需求有五个方面不同,即"三高两低"五个不同。第一,薪酬待遇要求高。第二,职业发展期待高。原来有钱挣就行了,现在干活不仅要挣钱还要对个人能力素质提高有帮助。第三,权益保护要求高。这是三高。"两低"是什么?第一,吃苦耐劳的忍受度低。因为这些孩子并没有真正在农村生活的经验，大部分是初中高中毕业以后就出来，更重要的是他们生长在数字化时代，拿着手机上互联网看着电视长大，尽管没有在晋江、泉州，没有在沿海发达地方生活过，即使在山区里长大，他们脑子里掌握的信息跟沿海发达地方的孩子没有太大的差异。第二，返乡务农的愿望低了。他们出来了就没有想着再回去种地。如果你还用过去的方式对待他们，他们就不干了。

第四，社会性安全需求凸显。什么叫社会性的需求？对于养老、住房、医疗、社会保障就业，甚至食品药品安全的需求，都是社会性需求。人们对这些社会性需求越来越强烈。

讲到这儿，我需要停一下，给大家作一个小结。

改革开放30多年分成两个阶段，前十几年和后十几年对比，中国社会发生了五个转变。我讲了三个转变。这三个转变实际上具有内在的逻辑联系，它们是一个层次。第一个转变是物的转变；第二个转变是人的转变，社会结构、阶层结构，是人的转变；第三个转变是需求的转变，从物到人，人的地位变化的同时，人们的主客观需要发生了变化。美国社会心理学家马斯诺认为，人的需要是有层次的，先是客观需要，然后是主观需要。我国现在最大的变化是人的心态的变化，主观的需求发生了变化。前三个转变是一个逻辑层次，会带来后面两个影响，即第二个层次的变化。

（四）社会问题的性质从生存性向公平性转变

第二个层次中的第一个转变是社会问题的性质发生了变化，从过去的生存问题向现在的公平问题转变。这也是第四个转变。中国现在有一个现象叫"端起碗来吃肉，放下筷子骂娘"。自己跟自己比，绝大多数人的生活状况都改善了，但横向一比，他不满了。所以，有的中央领导讲，现在很多问题，从物质方面来讲，不是有和无的问题，而是多和少的问题。他横向比较，感觉到相对社会地位下降了，所以他有不公平的感觉。所以，在基层工作，在县市区工作，有征地的问题，有拆迁的问题，有环境保护的问题，有社会保障的问题，有涉法涉诉的问题等等，林林总总，纷繁复杂。这些具体问题背后深层次的原因，我认为最主要的就是公平正义。

（五）社会矛盾从个体性向群体性转变

第五个转变是什么呢？是社会矛盾的性质发生了变化，社会矛盾从个体性向群体性转变。2000年以前中国社会很多矛盾纠纷是个体之间的，如在农村，有宅基地的纠纷，有承包地的纠纷，有山林地界草场的纠纷，都是两家之间、两个人之间的矛盾。但是，现在发生的很多事情是以群体性事件表现出来的，是一个群体对另外一个群体的不满，甚至是敌视。现在最大的问题是干群的冲突、劳资的冲突、警民的对立，还有本地人和外地人关系的紧张。

这几年群体性事件处于高发频发的态势。这些群体性事件背后表现的是一种什么心态？是仇富，仇官，仇警。我不用举例，大家想想这些年发生的群体性事件，是不是我刚才讲的这几种群体之间的关系不和谐？所以刚才张校长也讲，中央判断现在群体性事件"多样多发、触点多、燃点低、关联性强"。上个月我到南方一个省作报告，有关领导陪我，他告诉我现在很多地方领导都不愿意分管安全生产和社会稳定，因为这些工作风险太大，搞不好乌纱帽会掉。

这是我讲的五个转变，是两个层次的五个转变。如果说前三个转变是原因的话，那么第四个和第五个转变就是结果。是什么样的结果呢？就是社会不稳定的风险不断加大。这是一种历时性的分析，是前后十几年对比的分析。

二 社会管理能力不强

（一）当下中国社会面临两大挑战

如果我们转换一种思路，从共时性的角度看，当下中国社会还面临什么挑战？我认为有两大挑战。

第一，就是既得利益群体出现与公民意识增强的矛盾。改革开放发展到今天，各个群体都在受益，但是受益的程度不一样，形成一些既得利益团体，有的人说是既得利益集团。既得利益集团、既得利益群体的出现是不可避免的，但是，关键问题是不能让他们过多地介入公共政策的制定，否则就会影响公平正义。遗憾的是，现在很多重大政策的背后往往有这些群体的影子。这就会妨碍公平正义。我国改革开放30多年最重要的一条经验，叫渐进式改革，摸着石头过河，但是现在一些既得利益群体是只摸石头不过河，他不愿意往前走。进一步改革的动力在哪里？改革的依靠力量在哪里？这是一个很大的问题。"树欲静而风不止"，你不想改，老百姓的公民意识而不是臣民意识在不断增强，希望深化改革。这就可能造成很大的冲突。今年，广东纪念小平南方谈话发表20周年，发表了一系列评论，《深圳特区报》年初发表了8篇社论，呼吁加快改革步伐。

第二，是虚拟社会形成与公民社会认同难度加大之间的矛盾。互联网的快速发展、信息技术的快速发展，虚拟社会的形成给公民的参与、公民意愿的表达提供了极大的空间和便利的平台，但是这也对社会核心价值观的形成构成了极大的挑战。中国社会实际上有两个舆论场，一个是主流媒体占领的舆论阵地，还有一个是互联网。互联网不能说不是主流媒体，但是更多的是民间的。哪一个更有影响力呢？比如说新闻联播谁在看？是体制内的人在看。这就是一个很大的问题。

  我经常出国，每次出国感觉都是不一样的，感觉中国人的国际地位越来越高，人们对我们越来越刮目相看了。所以，改革开放以来，我们所取得的成就是第一位的。前几天我给回国学习的外交官和大使们讲这个观点，他们都表示赞同。中国这30年确实不得了，成为世界第二大经济体，让世界五分之一的人口摆脱了贫困，过上小康甚至富裕的生活，这是伟大的奇迹。所以，改革开放成就是第一位的。但是应当清醒地看到我们还面临着诸多的问题与挑战，要有忧患意识、风险意识。前面讲的这些矛盾，带有中国发展的阶段性特征，因为我们是用30多年的时间走了发达国家两百年的路，人家实现工业化、城镇化、市场化、国际化、信息化用了两百年，我们只用了30多年时间，时空大大压缩。所以，现在是发展的机遇期也是矛盾的多发期。胡锦涛同志去年在建党90周年时深刻地指出，当代中国正经历着空前广泛的社会变革，这种变革在给我国社会发展进步带来巨大活力的同时也必然带来这样那样的矛盾和问题。社会矛盾运动是推动社会发展的动力。我们要遵循社会发展规律，主动正视矛盾，妥善处理人民内部矛盾和其他社会矛盾，不断为减少和化解社会矛盾培植物质基础、增强精神力量，完善政策措施，强化制度保障，最大限度地减少不和谐因素，加强和创新社会管理。

（二）当前社会管理中存在的六个问题

第一，社会管理的理念在一些地方还没有深入领导干部的头脑里，还没有正确树立起来，仍然是重经济建设、轻社会管理。这里特别需要强调的是经济建设没有错，坚持以经济建设为中心是不能动摇的，但是在坚持经济建设的同时必须更加重视社会建设、政治建设、文化建设。现实生活中有些人对强势群体的权益保障比较重视，对弱势群体的权益保障重视不够，存在重管控轻服务、重事后控制轻源头治理的现象。

第二，社会管理的主体不够多样化，仍然是政府单打独斗，试图包揽一切，越位、错位现象时有发生，往往又不到位，管理服务上有很多空白点。北京市2008年开奥运会之前，有1400多座高楼，是商务楼宇。北京市不知道这些楼里面有什么单位、有什么人，为什么？因为很多是非公有制企业，是私营企业。现在缴税之后，它们跟地方政府没有什么关系。为了搞平安奥运，北京市创新了管理思路和理念，搞楼宇党建，派人进去，跟企业家搞联谊送服务，为他们进行体检，建立联系后才把他们的基本情况搞清楚。2007年，我到东莞去调研。大家知道东莞是非常有名的一个地级市。我问他们有多少人口，他们告诉我本地人口170万，而实际管辖人口是1200多万。我说这1200万多人，怎么马路上没有多少车，没几个人，我问人呢？东莞跟深圳人口差不多，深圳可到处是车，到处是人，东莞怎么没人？人到哪里去了？人在工厂做工。1000多万人在哪儿？在工厂里面。工厂里一把大锁就锁几万人。1000多万外来人口，不是当地党委政府在管。谁在管？是私人企业里老板在管，大小老板在管。如果当地党委政府不强化社会管理责任的话，早晚有一天可能管出事来，因为这些企业家首先想到的是什么？是利润，是效益，不会想到这些工人正常工作以外的需求。所以说社会管理领域里面有时政府什么都想管，但往往在变化的、多样的情况下，它又管不到，有空白点。

第三，社会管理方式仍然是行政管控为主。说服教育、调解、道德约束、乡规民约等作用发挥不够。过去学术界说中国只有国家没有社会，社会力量不发育。我说中国有两个比较特殊的现象。第一个是信访，各级政府信访压力很大，老百姓"信上不信下"，都愿意跑到北京去。北京两会期间驻扎了各地来的接访干部。第二是什么呢？跟发达国家相比，跟欧美国家相比，老百姓包括大学生上网干什么？在美国，人们用网络来购物、发送信息、结交朋友。中国网民除了上网干这些之外还干什么？议论天下大事。网民是愤青，天下兴亡，匹夫有责，谈论国家大事。谈论多了这个国家可能就会出乱子。我不反对他们谈，但问题的背后是为什么他们要上网，是因为现实中可能表达的渠道不畅，都挤到这个虚拟社会里面。这是问题的根本。现实中解决矛盾的手段不是很有效，所以就到信访部门。对信访有很多微词，有很多不同的看法，今天我不讨论这个。这两个特殊的现象表明什么？表明社会纠纷解决的手段比较单一，不够有效。

第四是社会管理的法规滞后。去年吴邦国委员长宣布我国社会主义法律体系框架基本形成，但是回头看社会领域的立法还是严重滞后，这也是人大常委会的同志讲的。所以，"十二五"时期我国立法的重点是加快社会领域的立法。社会组织有什么法？只有《社团登记条例》《基金会管理条例》。媒体有什么法？我还不说新闻媒体，媒体就没有法，没有舆论法，没有新闻法。

社会转型发展与社会管理创新

第五是对社会管理载体的认识存在偏差。现在很多同志说单位人变成了社区人。社区实际主要管两种人。我到北京的社区去调研,社区的干部对我讲社区其实就是管两部分人,一是老人,一是小孩,中间的还在单位,你我不还在单位吗?各种企事业单位、老板管的不是单位吗?所以现在人们对社会管理载体的认识有点偏差。这个问题要纠正。

第六个就是社会管理的人才匮乏。今天泉州市政府还有华侨大学邀请我来,给大家讲社会管理这个课,我相信大家是有这个需求。过去30年搞招商引资,搞经济建设,大家形成了行之有效、比较成熟的方法,但是现在面临利益格局调整、阶层关系复杂化,怎样驾驭日益复杂的局面,对于很多干部来说是挑战。除了干部队伍以外,搞社会管理还需要培养一些专业人才,即社会工作者队伍。我不知道华侨大学是否有社工专业,实际上这是很有前途、国家很需要的一个专业。现在很多领导干部对社会工作专业认识不到位。这几年我们国家行政学院每年都要办一个地厅级领导干部"社会工作者与社会管理"专题研讨班。地级市常务副市长、政法委书记、公安厅长、民政厅长都来参加培训,培训完了以后,他们都给我讲一句话:这个班太重要了,过去对社会工作认识不足,以为社区里面戴红袖章的老头老太太就叫社会工作者,没想到社会工作者还要上大学,还要培训。社会工作是什么?社会工作是一个专业,是一个职业,是一个岗位。有学者打个比喻说,"社会工作者是拿工资的雷锋"。雷锋是乐善好施的,是做好事的。社会工作者是帮助别人的,但是他们需要有报酬,因为这是一种职业。所以他们是拿工资的雷锋。社会工作可以在劳动纠纷、老年护理、学校、监狱心理干预等很多方面发挥独特的、不可替代的作用。

但问题是现在很多地方，社会工作专业的大学毕业生却找不着工作，没有就业的岗位，即使有岗位，待遇也很低。所以后来到国家行政学院培训的领导干部都跟我建议：下一次你们跟中央组织部提建议，不光培训我们副市长、副书记，得把市长、书记叫来培训；只有他们提高了认识，社会工作者才有希望。我觉得这个意见非常重要。现在我到各地讲课都讲这个观点，请市长、书记们重视社会工作者队伍的培养使用和岗位的设置。政府公共服务部门也可以做这些事情。民政部、中央组织部这两年连续发文，提出2010~2020年的规划。中央提出，到2015年全国要培养200万专业的社工人才，2020年要培养300万专业社工人才。前景很乐观，但是任务非常艰巨。这六个方面的问题反映了我们应对风险的能力不足。所以在新的历史时期、在社会转型发展期，需要加强和创新社会管理。

三　以社会建设推进社会管理

怎样加强和创新社会管理呢？第一，以社会建设来推进社会管理。第二，在统筹兼顾中推进社会管理。

实际上，我想讲两个问题：第一是社会管理，第二是社会建设。我要突出重点，先讲社会管理。

（一）什么是社会管理

人们对社会管理的理解不太一样。第一种是最宽泛的理解，认为社会管理就是对人类社会的管理。第二种是经济、社会二分法当中的那个社会管理。第三种是国家、社会、市场三分法当中的那个社会管

社会转型发展与社会管理创新

理。三分法中的小社会是指什么？主要是指NGO、NPO等民间组织、非政府组织、自治组织，这些是公民社会。第四种理解是与社会建设相对应的社会管理。第五种是讲政府职能里面有社会管理职能。

我列举5种对社会管理的不同理解，表明人们对社会管理工作的认识有大有小、有宽有窄，各不相同，所以需要统一思想、深化认识。2010年，国务委员、国务院秘书长兼国家行政学院院长马凯同志注意到这个问题，说社会管理现在越来越重要，但是人们对它的理解和把握差异很大，国家行政学院应该研究一下。根据马凯同志的意见，国家行政学院牵头成立了"加强和创新社会管理"重大课题研究组，我们汇集了发改委、公安部、民政部、中国社会科学院、清华大学、中国人民大学、北京师范大学、中央编译局和九个地方城市的同志，一共设了28个分课题。经过一年的研究，取得了一系列研究成果。根据一年的研究，我们课题组组长魏礼群同志，他是原国务院研究室主任，提出社会管理的内涵是：党委和政府以及其他社会团体运用法律、政策、道德、法规体系直接或间接地对社会各方面、各环节进行服务、协调、组织、监控的过程和活动。这个定义比较抽象，同学们可能比较感兴趣，但领导干部可能觉得没什么用。为了帮助大家更好地理解，我讲四个要点。第一，它表达了社会管理的主体是多样的。社会管理主体是什么？是政府及其他社会主体。第二，它讲了社会管理的工具，即社会规范体系，有正式的和非正式的。第三，社会管理的对象是什么？社会领域各方面各环节。第四，社会管理的方式是什么？服务、协调、组织、监管。当然，这是学术性和理论性的探讨。

为了做好工作，我们应该讲得具体一点。胡锦涛总书记去年在中央党校省部级主要领导干部社会管理专题研究班上讲，社会管理基本任务是七项：第一是协调社会关系，第二是规范社会行为，第三是解决社会问题，第四是化解社会矛盾，第五是促进社会公正，第六是应对社会风险，第七是保持社会稳定。这个班结束的第二天，人民网邀请我去做了一个视频访谈，我讲了一个多小时。主持人问我："你认为总书记提出的七项基本任务有没有层次上的划分？"我说，在我看来至少有三个层次。第一，促进社会公正。立足公平正义、维护群众权益是社会管理的价值准则，这是一个层次。第二，协调社会关系、规范社会行为、解决社会问题、化解社会矛盾，应对社会风险是社会管理的主要工作或者主要任务，就是说具体要做什么事。第三个层次是最后一句话，保持社会稳定。我想我不说你们也知道是什么意思，就是社会管理的目的。所以，七句话是三个层次，价值准则、主要工作、管理目的。我分析完以后，又讲了两句话。第一，在我看来，社会管理还有一项重要工作是增进社会认同，减少社会分歧。第二，保持社会稳定是我们社会管理的最终目的。但现阶段，我们必须强调社会管理的目的是维护秩序和激发活力的统一，不能单纯强调保持社会稳定，否则就可能走向社会管控的老路。社会管理在现阶段具体要做哪些事情？中央有八点部署，我结合自己的研究给大家解释一下。

（二）社会管理的八项重点任务

第一，要进一步加强和完善社会管理格局。社会管理的格局，同志们尤其是地方的同志都熟悉"党委领导、政府负责、社会协同、公众参与"这四句话，在这四句话里面，社会协同需要准确地理解，因为你们讲社会协同可能自然地想到是社会组织的参与，是NGO的参与，是基层组织的参与，这些理解都是对的。但是如果这样理解的话，社

会管理里面有很大一部分给漏了,就是各种企业单位没有在这四句话里面体现出来。所以2011年11月份在中央党校的一次论坛上我第一次提出后,很多报纸都在报道,我说应该把社会协同放大一点理解,不仅仅是指社会组织,而且包括各种市场组织和企业单位,这样理解可能准确一点。

第二,要进一步加强和完善党和政府主导的维护群众权益机制。去年中央发的五号文件中作过专门论述,有五大机制,包括矛盾调处机制、权益保障机制、利益协调机制、重大决策社会稳定风险评估机制、劳动关系协调机制。我在报纸上发表过文章,这些权益保障机制最重要的前提是什么?是老百姓需要一个说话表达的机制,如果老百姓不能说话,他们的声音、他们的诉求,领导干部都不知道不清楚,就不可能协调矛盾、解决纠纷。

第三,进一步完善和加强流动人口和特殊人群管理。特殊人群是指劳改释放、社区矫正人员,是指有不良行为的社会闲散青少年,还有父母服刑在教的未成年人等,还有艾滋病患者和精神病患者等。除了这些特殊人群以外,随着流动人口大量出现,农村也出现了一些特殊人群,叫做"三留守"人群,即留守老人、留守儿童、留守妇女,全国加起来有七八千万。这几个部分的特殊人群,一个是正常的特殊,一个是非正常的特殊,加在一起有上亿人。还有大量流动人口,温家宝总理今年讲流动人口有2.53亿、流动农民工有1.59亿。前几天我去晋江调研,晋江外来人口高峰时期达到110万人,晋江流动人口服务做得很好。那天我去361°公司,在工业区的工厂里面有6000多名外来人口,公司建了一栋2万多平方米的服务大楼,里面有各种设施供农民工活动,有网吧、电影院、体育活动房间和设施,有一个心理辅导中心,防止富士康这类事情发生。新生代农民工的要求跟老一代不一样,全国都不一样。晋江市长告诉我说,晋江把外来人口当成一种财富而不是包袱。晋江今年要实行中等职业教育免费。他们测算了一下,稳住一个学生,可以带动 2.5~2.6 个劳动力,也可以培养熟练的产业大军。我听到的这个数据可能不一定准确,说晋江有外来学生 17 万人。我说这个数据了不起啊,要是没有一个宽松的环境,人家怎么会到你这里来。

第四,进一步加强和完善基层社会管理和服务体系。

第五,进一步加强和完善公共安全体系。公共安全包括生产交通安全、食品药品安全和公共卫生安全,还包括社会治安和网络安全。

第六,进一步加强和完善新经济组织和新社会组织管理。"两新组织"承担着社会管理的责任,应该维护职工权益,构建和谐劳动关系,防止职工走上街头搞罢工搞停工。他们是社会管理的主体,他们同时也是社会管理的客体,党和政府要加强对他们的服务和引导。

第七,进一步加强和完善信息网络安全管理。管什么?管三件事,第一,信息环境要净化、要过滤,要把有害的信息、有毒的信息和虚假的信息过滤掉,要绿色健康上网。第二是网络舆论的引导,不要把不理智的反社会信息搞到网络上来。第三是网络安全,不能泄密,现在经济政治信息往往容易泄密。怎么管?中央外宣办提出了原则:第一,积极利用;第二,科学发展;第三,依法管理;第四,确保安全。

第八,进一步加强和完善思想道德建设。去年党的十七届六中全会专门对这个问题作出决议。思想道德建设是文化建设的重要内容,也是社会管理的重要手段,不能把它们分开,思想道德建设里面最主要的是核心价值观。

（三）加强社会管理的基层经验

去年我写了一篇文章，叫《社会管理及创新的十大关系》，有些关系我已经讲过了，这里就不详细讲了。我介绍一些地方基层社会管理创新的做法。这几年中央在力推社会管理，社会管理的重点重心在基层，各地做了大量的探索。晋江是全国试点城市之一，今年中央政法委又重新确立了13个试点地区，除了4个直辖市以外还有9个县市区。我把各地的做法概括为八条。

第一是强化公共服务。我去年初带队到广州市去调研社会管理，广州市利用专业社工、义工、志愿者对特殊人群、对老人、对社区居民进行服务。我到江阴市即华西村所在的城市调研，他们很有财力，实力比较雄厚，所以养老服务做得有声有色。

第二是加强基层组织建设。我这段时间一直在思考一件事，我们讲的管理很多都是城市社区的管理，农村怎么办？中西部农村怎么办？山区怎么办？可能很多同志没有怎么思考过。因为随着工业化、城市化进程的加快，很多地方农村人口"空心化"了。我今年初到河北省肃宁县，这是中央政法委确立的9个社会管理创新试点城市之一。他们的县委书记讲了一句话：改革开放，实行家庭联产承包责任制，解放了农民，也解散了农民，农村的基层组织软弱涣散了。怎样在新的形势下围绕利益，让农民重新组织起来，而不是把农民组织起来，这就是现在农村社会管理面临的难题和挑战。所以他们进行了创新，搞了四个基层组织全覆盖，第一个是党组织全覆盖，第二个是基层自治组织全覆盖，第三个是经济合作组织全覆盖，第四个是社会维稳组织全覆盖。大家如果有兴趣的话可以上网看看他们的经验，这个习近平主席、回良玉同志等都给予了高度的评价。

第三是创新体制机制。全国有很多地方在基层进行体制机制改革，比如说安徽的铜陵市取消了街道办事处，北京市石景山区也撤销了一个街道办事处，贵阳小河区撤销了街道办事处。但是，也有些地方有可能要加强，比如说我去年到深圳去调研，深圳市南山区2009年增设了坪山新区，由原来的两个街道办事处升格而来。原来的两个办事处只有3万多人，现在增加到了30万到40万人，怎么办？把这两个街道办事处独立出来，升格为坪山新区管委会，是正局级单位。

第四是改进工作方法，包括社会矛盾大调解、网格化管理。

第五是整合社区资源。一个社区里有各种资源、各种单位，怎么去整合利用，这是个学问，也是个考验。

第六是使用专门人才。有些社区有专业的社区工作者、有义工，还有一些地方发挥"五老人员"的作用，即发挥老干部、老党员、老模范、老教师、老科技工作者等的作用。我在江苏省南通市一个社区调研，有一个退休老教师，他非常会讲故事，开办了一个故事室，免费接受社区的孩子来培训，搞夏令营，社区里面提供两间免费的房子，他不收费，家长也乐意把孩子送过来。搞服务发挥老党员、老模范、老干部、老教师几类老人的作用，让他们老有所依、老有所乐，参与社区服务管理。

第七是促进基层民主。今年广东省发生了乌坎村事件，说明随着生活水平的提高，人们开始要民主了。前年我们提出一个观点，叫做"民生加民主等于民心"，现在光靠改善民生是不够的，人们要参与、要表达、要维护自己的权益，必须加强民主建设。

第八是思想文化建设。

(四) 美国社会管理的启示

加强和创新社会管理要处理好立足国情和学习借鉴的关系。大家都知道中央现在特别强调社会管理体制要走中国道路，要建立起有中国特色的社会管理体制。什么是中国特色的社会管理体制呢？我们作了一个概括：要实现由政府为单一主体、以单位管理为主要载体、以行政办法为主要手段、以管控为主要目的的传统社会管理方式，向政府行政管理和社会自我调节，居民自我管理良性互动，社区管理与单位管理有机结合，多种手段充分利用，管理与服务融合，有秩序与活力统一的多元治理、共建共享的新模式转变。新模式的特点用一句话两个词语概括，多元治理、共建共享，不是党和政府包打天下，要在党的领导下坚持中国特色，这是我们的根本出发点。但是我们讲走中国道路，并不意味着闭关锁国、盲目自大，我们还要善于学习国外有益的经验和做法。

我去年这个时候在美国考察，有一些故事可以与大家分享。2011年4月19日，我到芝加哥参加义工劳动，主要是体验他们怎么开展志愿服务。美国有很大的给穷人免费提供食品的慈善机构，是民间组织，叫做美国食物库（American Food Bank），负责给美国几百万穷人免费发放食品。芝加哥有个分支机构，我去了以后，他们二话不说，让我穿上他们的服装去分橘子，不好的橘子丢掉，我主要不是劳动而是做调查，我问周围的小孩，问他们为什么要来，他们说中学、大学四月份放春假，我问放假时你们为什么要来，他们说是因为学校的要求，中学四年、初中高中四年每个学生要有40个小时的义工活动，没有这40个小时，他就毕不了业。我问旁边的妇女，你们来有什么好处啊？她们说，有好处。什么好处？坐公交车可以免费，购物可以打折。原来它有公共政策在支持，税收政策在支持，并不完全是自愿。后来我到美国旧金山，旧金山位于加利福尼亚州，州政府福利局副局长接待我，跟我交流，他说美国有很多穷人。穷人谁管？政府管，还有民间机构要管。政府可以给民间机构钱，购买服务，它们来管。在美国可以发现很多乞丐要钱，在地铁站口、在商场门口，拿一个牌子，one dollar, one dollar, 一美元，一美元，要钱。但是我提醒你，美国要钱的乞丐里面，有三种人看不到，没有未成年人，没有丧失劳动能力的老人，没有残疾人。是不是没有这些人呢？有，政府机构、慈善机构、民间组织机构把他们收走了，给他们提供福利。所以在这个意义上他们要钱、要饭，实际上是有劳动能力的，他们不愿意接受社会救助，换句话说，他们愿意选择这种生活方式。

　　后来我到旧金山去访问一个民间组织。我早晨六点多钟从宾馆出发去参观那个机构，我比工作人员去得还早，门没有开，我就在门外等。在去之前，我也没搞清楚去看什么。他们说这个机构在旧金山地区有不少分支机构，每年负责收留几百个无家可归的流浪未成年人，给他们吃，给他们住，还教他们学文化、学技术。等条件成熟了，他们给这些孩子找工作。我参观时要拍照，被制止了。他们说不行，因为这是隐私。这个机构负责人说："我们现在就有几个孩子要出去找工作，要穿得体面一点，要穿西装打领带，现在我们没有这些衣服。"我一听马上就明白了，除了我以外，这些人都是社区的，有卖服装的。有一对夫妻，是服装店的老板，当场表态，"下一周我给你拿三十套西服来"。企业家有慈善的精神、有自愿的精神、有公益的精神。公民社会就是这样培养起来的，光靠政府不行。

（五）正确处理社会管理和社会建设的关系

怎么搞好社会管理呢？除了刚才我讲的社会管理本身的工作要做好之外，还应把它放到更大的范围内，也就是在社会建设中来推进。什么是社会建设？在我看来，社会建设包括以下方面。第一是发展民生事业，或者叫社会事业。党的十七大报告有一句话叫"加快推进以改善民生为重点的社会建设"。于是，很多同志就把民生建设和社会建设等同起来，但我认为这是不够的，社会建设不完全等同于民生事业，社会建设还应包括建设公民社会，社会建设倒过来讲是建设社会，社会建设要建设社会。这个"社会"是什么？是公民社会，是社会组织。当然对于这个问题，很多同志有疑虑与担心，有不同认识。我认为这大可不必担心。现在公民的素质远远没有培育起来，任重而道远。因此，第二就是要大力发展社会组织。第三要优化社会结构。有阶层分化并不可怕，可怕的是阶层不流动、固化，龙生龙，凤生凤，这个社会就可怕。有阶层复制也并不可怕，可怕的是穷人看不到希望，"农二代""穷二代"下去，贫困在代与代之间传递，这就可怕了。怎么打破阶层固化格局呢？畅通流动。第四是建设城乡社区，这个社区是地理和心理社会双重的概念。社区更重要的是要让生活在一定区域范围内的人们相互有认同感、有归属感，相互有往来，能够守望相助，成为一个能够互相帮助的共同体。第五是加强社会规范建设。社会规范就是社会的基础设施。

前几年有一位同志问我，社会建设和社会管理是什么关系？我说，社会建设是社会管理的前提和基础，没有建设就没有管理。华侨大学没有建起来，哪有华侨大学的管理；企业没有建起来，哪有企业管理呢？所以，社会建设是社会管理的前提和基础。但反过来讲，社会管理是社会建设的必然要求和重要保障，没有一个稳定的环境、没有一个基础环境，建设事业就不可能往前走，它们是相辅相成的。在这个意义上，社会管理和社会建设既相互区别又相互联系。我曾经打过一个比喻：社会建设相当于搞群众体育运动，相当于搞公共卫生；社会管理相当于医生看病，协调关系，处理矛盾，化解风险。但是，它们有一个相同的地方，服务于一个共同的目的，即让人健康快乐地生活。因此，社会建设和社会管理既相互区别又相互联系。去年8月份，我在广州市委讲课，第一次提出这么一个思想，把社会管理纳入社会建设中谋划。为什么？如果要强调两者之间的不同，强调社会管理的独立性，极有可能就社会管理讲社会管理。所以，必须把社会管理放到社会建设这个更大的范围中去谋划、去推进。

四 在统筹兼顾中推进社会管理

我今年初作了一些思考，提出"十个统筹"。第一，主导和多元要统筹。党政主导和多元参与这个关系要处理好，要统筹兼顾。第二，"条条"与"块块"要统筹，政府管理中的条条与块块关系要处理好。现在存在着"看得见的管不着，管得着的看不见"的现象，条块分割造成管理盲区，这个问题比较突出，我不列举例子了。第三，社区和单位要统筹。既要强调社区管理又要强调单位管理，单位管理的责任不能放松。第四，体制和方法要统筹。既要讲方法的创新又要讲体制的创新。第五，服务和管理要统筹。既要讲管理更要讲服务，要寓管理于服务之中。第六，维稳维权要统筹。发展是第一要务，维稳是第一责任。维稳确实需要,但是,比维稳更重要的是维权,只有维护了老百姓的权益才能够实现社会的长治久安。第七,德治和法治要统筹。中央提出,化解社会矛盾,要调判结合、调解优先。调解更多依靠的是德治,靠民间的风俗习惯、乡规民约。但是,从长远看,还应走法治化道路,应该是依法管理。第八,民生和民主要统筹。一些地方提出"以民主促民生",我觉得这个经验值得学习,值得总结。第九,经济和社会要统筹。第十,城乡和区域要统筹。

讲了十个"统筹",太多了,你可能记不住,怎么办?

我再总结一下前四个"统筹"讲的是什么。讲的是社会管理的主体和体制问题,谁来管?条条与块块、单位与社区、党委政府和多样化的主体,这都是社会管理的主体,也是社会管理的体制。中间四个"统筹"讲管理的方法,服务与管理、维稳与维权、德治与法治,都是管理的方式方法,因为管理的方法有交叉,所以前七个分成两个"四个"。这七个"统筹"讲的是什么?讲的是社会建设和社会管理,还是我刚才讲的以社会建设来推动社会管理。今年春天我在想,社会管理是一件非常重要的事情,它的重要性和紧迫性可以用三个"事关"来概括。第一,社会管理事关巩固党的执政地位。第二,社会管理事关国家长治久安。第三,社会管理事关人民安居乐业,幸福安康。社会管理这么重要,难道就靠社会管理和社会建设几个部门就解决了?我想恐怕不够,应该把它放在中国特色社会主义现代化事业的总体布局里面,也就是说社会管理体制改革必然会涉及政治体制、经济体制、文化体制、社会体制,所以需要在一个更大的格局里面去谋划。讲到这儿,我给大家介绍一个观点。很多同志讲,改革开放前30年,中国社会的发展,改革的重心在经济领域,在经济领域已经取得了非常丰富的成果，社会主义经济体制已经逐步建立和完善。今后30年，或者更长时期，改革的重心应该转到社会领域和政治领域。《人民日报》原副总编周瑞金，最近写了一系列文章，他就提出这个思想，我比较认同。改革领域有一个顺序选择的问题，所以很多同志提出现在应该加强社会体制和社会管理体制改革，为即将到来的政治体制改革铺平道路，打下基础，而且现在社会管理体制改革可以把很多政治体制改革要做的事放进去，如公民参与、党政关系等。这是改革的艺术和策略的问题。后面四个"统筹"实际就是涉及经济体制、文化体制、政治体制的改革。这是十个"统筹"中的第三个层次。我经常想，在党委政府里面可能还需要设置更高层次的机构来统筹、协调、研究，推动社会管理。

如果把社会管理理解得这么大，涉及整个格局，大家可能感觉社会管理没法做。好了，再回过头来看，社会管理的本质，在我看来就是做三件事。第一是制约权力。社会管理首先要制约公共权力。现在最大的问题是警民关系、党群关系不够和谐。第二是驾驭资本。现在劳资关系、贫富关系不够和谐，这就需要驾驭资本。我们需要发展生产力，要毫不动摇地坚持发展生产力，但是不能让资本过于强势，要维护劳工的权益，做到劳资两利。第三，是做好群众工作。我们最大的优势、最优良的传统就是群众工作。群众工作与社会管理是同一件事情的不同表述而已。只有我们把群众当亲人，群众才会把我们当亲人。中央领导多次提出，"用群众工作来统揽社会管理"。所以，社会管理不要把它讲得太悬，就是做好群众工作。

讲了那么长的时间，我稍微总结一下。今天我讲了四个方面的内容。第一，在30多年的社会转型发展过程中，积累了很多矛盾，也有很多风险。第二，我们应对风险的能力、社会管理的能力还不强，所以，需要加强社会管理。这两个方面的内容实际是回答为什么要加强社会管理。怎样加强社会管理呢？我提出两个观点：第一，以社会建设推进社会管理；第二，在统筹兼顾中推进社会管理。所以，四个方面的内容实际上回答了两个大问题：为什么和怎么办。

[互动问答]

1. 民主党派参与社会管理的路径选择是什么？

听众A：

龚教授，您好，您刚才讲到社会管理创新的主体是多样化的，有政府，有党委，有其他一些组织，我个人认为民主党派在参与社会管理创新中也发挥着很重要的作用。积极发挥民主党派的优势，找准社会管理的着力点，也是一个重要的力量。我的问题就是请龚教授简单介绍一下民主党派参与社会管理的路径选择。

龚维斌：

你这个问题提得非常好。我们说，"党委领导、政府负责、社会协同、公众参与"，社会实际上是一个很大的概念，既包括各种社会组织，也包括人民团体、民主党派。民主党派参与社会管理，在我看来至少有两件事情可以做。第一，发挥它们联系各个界别群众的优势。因为民主党派要联系、代表一定界别的群众，整合他们的利益，反映他们的诉求，维护这些界别群体的利益。这是参与社会管理非常重要的一个方面。第二，发挥民主党派的人才优势。民主党派里面人才荟萃，可以为国家的大政方针建言献策，改进和完善公共政策。另外，民主党派里面还有很多理论高手，可以通过写文章讲课，推动社会管理。

2. 中国当前社会是在政府的主导下发展还是自上而下的一种发展？

听众B：

您好，您刚才讲到未来社会管理格局是多元的。我想问的问题是，就中国当前社会的发展，您认为是应该在政府主导下的发展还是自上而下的一种发展？

龚维斌：

这个问题非常有意思。实际上中国社会过去一直是自上而下在进行管控，行政主导主要是自上而下。但是，我认为今后在坚持自上而下这样传统的同时，更应该开拓民间力量、民间的渠道，多样化地促进社会参与，所以要鼓励更多的公民、更多的企业自我管理、自治管理，要充分发挥自下而上社会管理力量的作用，要能够让自上而下与自下而上结合起来，良性互动。长远来讲，我们要从社会管理走向社会治理。

3. 怎样通过改革来提高社会组织的地位？

听众C：

我想问一下就是刚才讲的社会组织对于社会管理的重要性，但是目前我国对于社会组织的发展促进力度不是很大，比如这些社会组织

的注册需要挂靠单位,其实在我国法律制度以及措施还很不到位。请问怎样能够提高社会组织的地位,怎么进行改革?

龚维斌:

我觉得现在是这样,社会组织在社会管理当中的作用越来越被更多的领导干部、社会各界所认可。但是,坦率地讲,在党政部门还有不同的认识,有少数领导同志对社会组织的充分发育心有余悸,总是有些担心。刚才我也讲到了,社会组织可能有些消极的东西,有些需要警惕的东西,但是,我们不能把这些东西放大。去年中央非常明确地提出,第一,是要鼓励发展社会组织,当然鼓励发展要分类发展。哪些是要大力发展的?比如说经济类、慈善类、公益类、互助类、社区类的,应该大力发展。对于政治类的、宗教类的、法律类的,有境外复杂背景的,我们要谨慎一些。这是总的一个思想。第二,要规范发展。确实在管理体制上存在一些不利于社会组织充分发展的障碍,比如你刚才讲的双重管理问题,登记门槛、管理门槛比较高的问题。有些地方在进行改革探索。比如,广东前几年已经做了大量的实践,今年开始搞备案制,条件不够的,不需要搞挂靠单位,不需要双重管理,在有关部门备个案就可以成立了。应该说环境越来越宽松,在向越来越好的方向发展。第三,政府要转变自身社会管理和公共服务的方式,比如说,可以搞购买公共服务,给社会组织提供更多发展的财力、资源和机会。不然的话,光靠社会组织自己去寻求这种支持发展的空间、资源,往往是有限的、不够的。在广东、深圳、上海,现在在政府购买服务方面、社会组织购买服务方面作了很多探索,一方面政府转变了职能,提高了工作效率,另一方面又鼓励和支持非政府组织的发展和壮大。第四,社会组织本身也要提高管理能力、治理能力,要提高公信力。前几年社会组织也暴露出一些问题，老百姓对社会组织认可不认可还是一个问号。所以，要完善内部的治理结构、提高内部管理水平。概括一下讲就是四个方面：第一，领导人的理念要调整，社会组织既是竞争的对手，更是合作的伙伴；第二，要放宽准入的条件，放宽、降低准入的门槛，要创造更好的法律制度环境和发展的环境；第三，政府要积极推动和完善政府购买社会服务，让资源向民间社会扩散，给社会组织的发展提供更好的资源和条件；第四，社会组织内部管理要加强，要提高能力。

张铭清简介

张铭清 1978~1981年就读于中国社会科学院研究生院新闻系，是该院首届硕士研究生。1981~1993年任《人民日报》福建记者站记者、首席记者、站长，《人民日报》记者部副主任、高级记者。1993年至2006年任国务院台湾事务办公室主任助理、新闻局局长、新闻发言人，中华全国新闻工作者协会常务理事，中央对台宣传领导小组成员，中央外宣办顾问，中新社新闻学术研究中心副主席。现任海峡两岸关系协会副会长，厦门大学新闻传播学院院长、教授、博士生导师，国防大学兼职教授，北京联合大学兼职教授、顾问。

张铭清主要研究领域为对台和对外宣传，近年来提出"一国两制"新闻学，促进两岸新闻与文化交流，参与中国政府关于台湾问题的两个白皮书等重要文献的组织撰写工作。主持过国家社科基金重大项目"一国两制"下的新闻理论与实践研究1项、国家社科基金重点项目"一国两制"新闻学研究1项、省社科基金重大项目1项。目前正主编国家"十二五"规划重大项目和国家级出版工程《台湾百科全书》中的"新闻出版卷"。在台湾和海外新闻界有一定影响和知名度，受到两岸新闻界及学术界的好评。出版过《海峡谈屑》《海峡潮》等文集，在《人民日报》理论版等重要报纸杂志上发表多篇学术论文，若干重要文章入选《邓小平理论文库》和《江泽民论述研究》，学术论文获得多种奖项。

台湾局势与两岸关系

张铭清　　　2012年6月21日

一　正确认识台湾问题

台湾问题事关中华民族的伟大复兴，事关国家的核心利益，与我们两岸的每一位同胞都有切身的相关利益。台湾问题在全党和全国的工作当中具有全局性的地位，具有重要的战略意义。正是因为台湾问题的性质和地位，所以解决台湾问题，实现祖国的和平统一大业是我们全党全社会、每一个中国人肩负的历史使命和责任。也可以说,工农商学兵、东西南北中,各行各业没有一个行业、没有一个人可以说我跟台湾没有关系。正是因为台湾问题跟大家息息相关,所以作为一个中国人非常关心台湾问题,包括海外的华人华侨,对台湾问题也是非常关注。福建是对台工作的大省,有"五缘"等得天独厚的条件,特别是泉州,与台湾的关系就更加密切了,很多台湾的政治人物祖籍都是泉州。所以中央也把福建作为对台工作的前沿基地,海西经济区上升为国家级战略,主要也是考虑到它在祖国统一大业当中所处的地位。这么多年来,福建和泉州承担了中央对台的很多工作任务,完成得很好,包括这次海峡论坛,福建、泉州都承担了很多分会场的任务和活动,而且取得了非常好的成绩。我想对泉州市、华侨大学多年来对对台工作的支持表示感谢,可以说没有各位这样的支持,不可能取得对台工作这样的成绩。

台湾问题事关国家的核心利益,国家的核心利益有这么几个内容:第一个,国家的主权;第二个,国家的安全;第三个,领土的完整;第四个,国家的统一;第五个,宪法确立的国家政治制度和社会大局的稳定;第六个,社会经济可持续发展的基本保证。这六个部分,台湾问题全部涉及了,特别是国家主权和领土完整,这是一个国家非常重要的核心利益。

台湾问题在中国具有非常重要的地位,也是中国特色社会主义的重要组成部分。邓小平同志提出"和平统一,一国两制"的科学构想,原本是针对解决台湾问题提出来的,在解决港澳回归问题中已经得到了实践。这一构想是中国特色社会主义理论的一个重要组成部分,也是对马克思主义国家学说理论的创新。

台湾问题在中国之所以是中国特色,就是因为它具有唯一性。在世界上，第二次世界大战以后，有好几个国家被分裂，但是先后以不同的方式实现了统一。比如，南越和北越在1976年7月3日以战争的方式实现了统一，东德和西德在1990年10月3日以和平的方式实现了统一。这两个国家的统一是两种方式，一个是战争的方式，一个是和平的方式。而且东西德的统一很有突发性和戏剧性。在1989年11月9日，西德开放柏林墙。柏林墙是1961年建起来的，把柏林和东西德隔离开来。1989年11月9日，柏林墙轰然坍塌，东德的居民像潮水一般涌向西德，这样就开启了东西德统一的大门。

东西德的统一还有一个非常奇特的现象，很值得研究。在1990年初进行民调的时候，85%的西德人民赞成统一，90%的东德民众赞成统一，这是相当好的社会基础。民调中有一项，即西德有27%的民众愿意把自己的积蓄全部拿出来贡献给统一大业。事实证明，东西德之所以和平统一实现得这么快，和这个基础有非常密切的关系。

迄今为止，仍然没有统一的国家有朝鲜和韩国，但朝鲜和韩国与我们的台湾问题是完全不一样的。首先，朝鲜和韩国都互相承认对方是一个独立的国家，而且它们都是联合国的成员国，它们都和世界上很多国家分别建交。朝鲜和韩国从上到下都非常一致地赞成统一，上层两个国家的领导人多次接触谈判，下面的民众也是期盼统一，而且提出了好几个统一的方案，现在没有统一是因为有很多具体复杂的问题。我国的台湾情况就和朝鲜不一样。从大陆来说，99%的民众赞成统一。台湾是什么现状呢？支持统一和主张"台独"的都是少数，75%的民众主张维持现状，既不统一也不独立。

台湾问题的唯一性和东西德不一样，和南北越不一样，和朝鲜、韩国也不一样，这个问题的解决很值得研究。比如说，朝鲜和韩国的经济相差悬殊，从 GDP 来看，它是 1∶33，这是世界银行的统计数据，就是说韩国的 GDP 是朝鲜的 33 倍。韩国的国民收入是朝鲜的 16 倍，西德和东德是 3∶1。最近金正恩上台说，三年之内让朝鲜人民喝上肉汤，实际上要实现这一目标是有难度的。

台湾在 20 世纪 70 年代实现经济起飞，成为亚洲四小龙之首，那时候大陆正在搞"文化大革命"。从台湾的发展来说，蒋经国领导之下的台湾经济起飞是值得肯定的。事实上，它也正是以经济比我们强为傲。从 2007 年开始，广东、江苏、山东三个省的 GDP 都分别超过了台湾。大家都知道，这些年我们的经济发展比台湾快得多。把台湾问题放在全世界统一和没有统一（以战争的方式统一，以和平的方式统一）的国家来比较时，它具有非常特殊的地方。为了解决台湾问题，党和国家从 1949 年产生台湾问题开始，就一直在不懈地努力。然而，到今年 63 年了，台湾问题还没有解决，为什么？因为这确实是一个世界性的难题。

大家知道，1949 年时，国共内战基本上在大陆结束了，蒋介石带了一部分军政人员跑到台湾去。江北的三大战役结束时，斯大林曾经劝毛主席不要渡江，认为如果解放军渡江，美国会介入。《孙子兵法》有一个说法叫"穷寇勿迫"，就是敌人已经被逼得走投无路了，就不要追了，再追敌人就会作困兽之斗，非常凶猛。在人民解放军渡过长江的时候，毛主席写了著名的七律，其中有一句是"宜将剩勇追穷寇，不可沽名学霸王"。这句诗实际上回应了斯大林的劝告，也是对《孙子兵法》"穷寇勿迫"说法的反其道而行之。

根据党中央和毛主席的部署，是在 1950 年 8 月渡海解放台湾，成立了以粟裕同志为总指挥的攻台指挥部，部署在浙江和福建一带的军力达到八个军，部队的同志知道，粟裕大将是以"多谋善断、最能打仗"闻名的。但是，6月25日爆发了朝鲜战争，我们组成志愿军抗美援朝，部署在福建和浙江的兵力，很多就成为志愿军赴朝作战了。6月27日，美国总统杜鲁门命令美国的第七舰队开进台湾海峡，第13航空队进驻台湾。美国的第七舰队实力异常雄厚，到现在还是世界海军的老大。杜鲁门当时就宣布，美国这样做的目的是防止朝鲜战争发生后，我们会渡海作战，解放台湾。第七舰队开进台湾海峡，实际上就阻挠了用武力解决台湾计划的实施。

后来到1955年，周恩来总理在万隆会议上就提出可以用和平的方式解决台湾问题，可以不用武力解决。从那时开始，到20世纪80年代邓小平提出"和平统一，一国两制"，到1995年江泽民提出"八项主张"，胡锦涛2008年12月31日提出两岸关系和平发展和解决台湾问题的六项意见，是党和国家对解决台湾问题的认识发展过程。台湾问题之所以到现在还没有解决，正是因为这是一个很复杂的问题，除了岛内的状况和大陆的状况，很重要的就是国际背景。台湾问题是中国的内政，但是它有非常深刻的国际背景。刚才说朝鲜战争，美国第七舰队一进来，美国就插手了，后来与台湾签订共同防御条约。一直到今天，美国插手台湾问题非常深，可以说美国是解决台湾问题最大的外部障碍。如果没有美国插手，台湾问题不会这么复杂，也可能已经解决了。日本统治了台湾50年，不仅在台湾殖民，而且搞皇民化，像台湾的李登辉这种人都是皇民化思想非常严重的人。

台湾问题到现在没有解决，它的复杂性既有内部的也有外部的因素，既有大陆的问题，比如说"文化大革命"搞得一团糟，经济到了崩溃的边缘，还谈什么解决台湾问题，现在大部分的台湾民众认为应该维持现状,也有外部的问题,比如美国、日本,它们也不希望中国统一。因为在苏联解体之后,美国认为世界上唯一能够成为美国对手的就是中国。美国不希望在它的面前出现一个对手,所以它打台湾牌,以台制华,阻挠中国的统一,也就是为了实现它在世界独大的战略布局。

同时,美国是世界上最大的军火商,台湾是其最大的军火客户。台湾累计向美国买了400多亿美元的军火,现在还在买。从它的实际利益来说,美国不愿意失去台湾这个最大的军火客户。因为现在支撑美国经济的,一个是石油,一个就是军火,它当然不愿意失去台湾这个军火市场。为了预防"台独"冒险,我们也作军事斗争的准备,也向一些国家买军火。中国统一以后美国的军火卖给谁?中国统一以后,两岸加起来,买军火的钱用来发展经济,那么经济就发展得更快了。因此,不管是从战略考虑,还是从既得利益考虑,美国不会支持中国的统一。

因此,我们看待台湾问题,要看到它的特殊性,既有内部的也有外部的制约因素。解决台湾问题要具备成熟的内外部条件,才能实现。正因为台湾问题具有复杂性,复杂问题不能简单化处理。

二 新形势下的两岸关系

关于新形势下的两岸关系谈两个方面的问题。

第一个方面,介绍四年以来两岸关系取得的主要进展。之所以说四年以来,是因为2008年国民党重新上台之后,两岸关系发展速度非常快,两岸关系和平发展的局面已经初步形成,从开创期向深入期推进,这是一个非常好的形势。

第二个方面，介绍当前两岸关系中出现的一些现实问题和挑战。为什么现在台湾问题还有一些变数，既存在机遇也有挑战。

（一）四年来两岸关系取得的进展

从总的评价来说，现在是两岸关系60多年来最好的时期。大家可以想到，从1949年的军事对峙，蒋介石反攻大陆，到蒋经国的"三不"（不谈判、不妥协、不接触），到李登辉、陈水扁主政，两岸关系几乎都是非常紧张的，哪里有像今天这样交流的大好局面，没有过！所以，当前是两岸关系发展60多年来最好的时期。

从2008年5月开始，国民党重新上台，两岸关系出现了历史性的转折。我们在马英九上台之后抓住这样的机遇，特别是中央作出了一系列的部署，胡锦涛总书记在2008年12月31日发表了重要讲话，明确提出两岸关系和平发展理应成为两岸关系的主题。这是我们应该牢牢把握的中央发展两岸关系的精神。胡锦涛总书记的这次讲话内容是推动两岸关系实现历史性转折、取得战略性进展的一个纲领性文件。

四年来，对台工作取得一系列进展，有七个方面的表现。

1. 台海局势发生了重大的深刻变化

在此之前，两岸关系一直围绕着反"台独"和"台独"的斗争，特别是李登辉主政12年和陈水扁主政8年期间，反对"台独"始终是我们对台工作的一个主线。在陈水扁取得连任之后的2004年，因为台湾地区的领导人只能连任两届，一共有八年，在陈水扁没有再连任压力的时候，他的"台独"分裂面目暴露得更加彻底。所以，从2004年下半年开始，对台工作把反对"台独"作为首要任务。中央认为，为了防止陈水扁的"台独"冒险，要抓紧进行军事斗争的准备。中央要求调动一切力量,整合各种资源打击"台独"势力。2005年3月14日,全国人大通过了《反分裂国家法》,这是我们的第一部涉台的特别立法。过去只有对台的方针政策,没有一部涉台的特别立法。这部《反分裂国家法》是非常重要的反对"台独"分裂的法律武器。特别是第8条规定,在三种情况下,第一,台湾分裂出去;第二,发生重大的"台独"事件;第三,和平统一成为不可能,人大授权中央军委和国务院,可以用非和平的方式解决台湾问题,实现国家的统一。在这三个要件之一满足的情况下,可以使用军事手段,这就给"台独"划了一条红线。这三个条件中只要有一条被认定了,那只有用非和平的方式解决台湾问题。而且非常明确:中央军委和国务院执行之,这体现了法律的严肃性。我们既然把反对和遏制"台独"作为首要任务,就要调动一切资源,整合各种力量,包括法律的武器。

我们采取了一系列措施,最终挫败了陈水扁的"台独"冒险。2008年台湾地区领导人的选举,民进党惨败,马英九得到765万张票,民进党候选人544万张,马英九赢了221万张,得票率58%,创造了台湾历次选举的最高票。民进党的"台独"分裂活动使两岸关系不稳定,台湾的老百姓受害。国民党认同"九二共识",反对"台独",主张发展两岸关系。从个人的操守看,陈水扁贪腐,马英九廉洁,形象好,两个人在选举中反差很大,所以老百姓用自己的选票把民进党赶下台,把民进党"台独"的定时炸弹的"引信"抽掉了。以这次选举结果为标志,反"台独"斗争取得了重大的胜利,主张"台独"的民进党丧失了利用权力来推动"台独"的条件。这说明陈水扁代表的民进党的"台独"路线,已经使老百姓感觉到切身利益直接受损,因此民进党的"台独"不得人心,是没有出路的。

最近李登辉说了这么一段话,"台湾面对国际上的困难,喊'台独'没有用"。在台湾有"台独教父"之称的李登辉说"台独没用",国民党和民进党对此各有不同的解读。国民党如此回应李登辉的这句话,"感谢李登辉的说法,他终于看清了真相,李登辉勇敢地讲出来,代表他终于知道了'台独'是不可能的路线"。民进党这般解读李登辉的这句话,"李登辉的意思是先顾肚腹,再顾佛祖",先把肚子问题即吃饭问题解决了,再去拜佛祖,讲政治。我们作为站在民进党和国民党立场之外的第三方则可发现,李登辉实际上是两边打,经济上批国民党,经济上没搞好,执政不力;政治上打民进党,你别再喊"台独"了,喊喊是没有用的。

在台湾的民调中,是两头小中间大,即主张统一和"台独"的比例小,各只占10%左右。民进党想搞"台独",从他们心里来说,知道"台独"是"只能说不能做"。陈水扁在台上的时候,李登辉讲:"你有本事就宣布台湾独立。"陈水扁反唇相讥:"你干了12年都不敢宣布台湾独立,我才干了八年,我怎么能宣布台湾独立呢?办不到,就是办不到。""台独教父"李登辉和陈水扁心里都清楚,"台独"是不可能做的。有《反分裂国家法》在,你宣布"台独"就是要我们用武力解决台湾问题。从李登辉这句话可以看出,连"台独教父"都认为"台独"连喊都别喊了,那是没有用的,各说各话,自娱自乐而已。但是他不喊也不行,为什么呢?民进党在1986年成立,民进党总纲里有一句话"通过公民投票建立台湾共和国"。我们说,民进党之所以是"台独党",就是因为党纲里的这句话。民进党没有修改它的"台独"党纲,不承认"九二共识",大陆就不会与这个党发生关系,大陆和国民党建立政治关系,前提是因为有"九二共识"和反对"台独"这个政治基础。

2. 在"九二共识"的基础上建立互信

国共两党政治互信的建立始于2005年4月,国民党荣誉主席连战访问大陆,和胡锦涛总书记达成了和平发展的五项愿景。

国共两党在历史上曾经两次合作,一次是1927年的北伐,一次是1937年的抗战。国共两党领袖的见面,止于1945年毛泽东到重庆与蒋介石的谈判。20世纪80年代,邓小平为了解决台湾问题、实现国家的统一,曾经表示可以进行第三次合作。但是国民党方面从蒋介石到蒋经国,尽管他们认同一个中国,但与共产党合作则再没有进行过。蒋介石把台湾作为"反共复国、反攻大陆"的基地。蒋经国回应1979年元旦的全国人大《告台湾同胞书》说"三不",即"不妥协、不谈判、不投降"。国共彼此叫对方"匪",他们叫我们"共匪",我们叫他们"蒋匪"。一个笑话里说,刚开放台湾居民到大陆探亲时,一个台湾的同胞在北京天安门问路,他问:"共匪先生,我上洗手间,怎么走?"他们确实是叫我们"共匪"的。

国共两党领导人从1945年毛泽东和蒋介石重庆谈判之后,到2005年整整60年,没有接触过。连战这次来,可以说在国共两党的历史上翻开了新的一页。虽然我们不叫第三次国共合作,实际上就是第三次国共合作。台湾放开党禁之后,现在有一百多个党,我们光提国共合作,那就等于把国民党之外其他的党排除在外。台湾大多数政党,主张和国民党趋同,像民进党这样主张"台独"的是少数。其他的一百多个党,名称五花八门。有一次遇见一个姓谢的台胞递给我一张名片,我一看吓一跳,"中国共产党台湾省委员会第一书记某某某"。我问他:"谢先生,你这个党什么时候成立的?"他说:"去年成立的。"我问他:"贵党现在有多少党员？"他答："就我一个人。"在台湾，登记一个政党很容易，就像登记一个社团、一个公司一样。因为台湾政党众多，所以我们不提第三次国共合作。实质上，国民党是台湾最大的党，处理两岸关系主要还是与国民党打交道。从连战来以后，亲民党主席宋楚瑜来了，新党主席郁慕明也来了。我们的政策是调动岛内一切反对"台独"的力量。从那个时候开始，两岸每年举办一次经贸文化论坛，这个论坛简称"国共论坛"。实际上，除了国民党外，亲民党、新党、全民最大党、无党派联盟等，凡是认同"九二共识"、主张发展两岸关系的政党都邀请他们参加。每一次举办论坛都出台优惠政策，那时国民党没有执政，民进党当权，一些涉及台湾方面的政策不能落实。国民党上台以后，这个论坛出台的这方面的政策大多都能落实，并付诸实施。从2009年起，两岸开办海峡论坛。今年的海峡论坛上，国台办王毅主任和孙春兰书记宣布了很多惠民政策，都受到台湾民众的热烈欢迎。

自从2005年开创了新世纪国共两党的政治接触之后，这四年来，可以说两岸关系在建立互信方面有了非常好的改善，也是两岸关系取得突破性进展的基础所在。在2009年10月，国民党的十八大马英九担任主席之后，把胡锦涛总书记和连战荣誉主席2005年达成的"两岸和平发展五项愿景"列入了国民党的政纲。吴伯雄代表国民党见胡锦涛总书记的时候，多次表示坚持"九二共识"、反对"台独"是两岸和平发展的重要基础，希望双方共同巩固。要沿着两岸和平发展的道路坚定地走下去，绝不能停滞，绝不能倒退。2012年3月22日，胡锦涛总书记会见吴伯雄时，重申我们反对"台独"，坚持"九二共识"的主张，而吴伯雄首次提到"一国两区"，这是过去没有提过的。这是第一次公开提起"一国两区"并见诸媒体。"一国两区"这个提法，符合一个中国的原则。

1995年江泽民总书记说过,在一个中国的原则下,什么问题都可以谈。处理两岸事务,只要承认两岸是一个国家就可以了。海协会、海基会达成的"九二共识"的原文是海峡两岸均坚持一个中国,但是认知各有不同。海协会称,既然认知不同,就不讨论它的政治内涵。意思就是说,在谈到一个中国时,只要认同两岸是一个国家就可以了。至于统一以后,国名叫什么,可以商量。最有代表性的,海协会的第一任会长汪道涵说过,统一以后,既不是中华人民共和国,也不是中华民国,两岸要共同建立一个新中国,名字可以叫中国。我觉得老人家是很有智慧的。国名叫什么只是一个符号,只要两岸统一了,名称只要大家认同就可以了。在新的形势之下,只要实现国家统一,我看叫什么名字都无关紧要。这个就是我们实事求是的态度,套用邓小平同志对毛主席讲的一句话,只要统一了,管你叫黑猫还是叫白猫,只要能逮住老鼠就行了。所以,在两岸建立政治互信之后,在对一个中国原则认同的前提下,什么问题都可以谈,这些问题都可以通过协商解决。中华民族是世界上最聪明的民族,有足够的智慧解决这类问题。

3. 两岸恢复协商并取得一系列重要成果

老百姓也看到两岸之间的问题可以通过协商来解决,所以这个就是第三个层级,两岸恢复协商取得一些重要成果,特别是两岸经济合作框架协议的签订。海协会、海基会分别在1991年和1990年成立,这个名称实际上就是为了谈判戴的白手套。因为我们不承认台湾的官方定位。1993年4月29日,"两会"在新加坡举行了第一次会谈,我们简称"汪辜会谈",本来计划这次会谈之后,"两会"建立制度化的协商制度。会长一年会谈一次，副会长半年一次，秘书长一季度一次，是一个沟通的平台。但后来受李登辉和陈水扁政策影响，"两会"就没有再谈了，制度化协商没有进行。2008年马英九上台，5月20日就职，6月13日就恢复了"两会"商谈。2005年，辜振甫和汪道涵两位先后去世。2006年3月第二届海协会理事会成立，原来国台办的主任陈云林同志担任会长，国台办的一些领导退居二线后，到海协会工作。

国民党5月20日上台，6月13日会谈，不到一个月的时间就恢复商谈，后来变成制度化，一年两次，一次在大陆，一次在台湾。两岸很多事务就通过"两会"来商谈。我特别要讲一下2010年在重庆签署的《海峡两岸经济合作框架协议》(ECFA)，它是一个重大的突破。《海峡两岸经济合作框架协议》实际上就是把两岸的经济紧紧地绑在一起了。经济是政治的基础，经济绑在一起，政治就不可分。所以台湾媒体说ECFA签署，已经实现了两岸的经济统一，两岸经济实现了制度化、规范化、一体化。根据经济学的原理，经济依存度达到16%以上就是高依存度。高依存度意味着两个经济体离不开了。现在台湾对大陆的依存度是42%。邓小平以前讲过，两岸经济要造成"你中有我，我中有你，谁也离不开谁"的局面。实际上，大陆这样一个世界第二大经济体，离了台湾无关大局。但台湾经济离开大陆，就困难重重，它的经济就可能垮台。

4. 两岸全面直接三通得以实现，经济合作不断深化

从1979年元旦全国人大发出两岸三通的呼吁以来，整整30年，到2008年三通才得以实现。中国有句谚语，"三十年河东，三十年河西"，三通实现用了30年时间。谈判谈不拢，问题就是出在名称上，大陆说两岸的三通应该是国内航线，台湾说是国际航线，就差一个字，争了几年。最后我们觉得这不是办法，我们主动提出来，你不要再叫国际航线，我也不再叫国内航线，咱们就叫两岸航线，问题解决了。有人说，中国人和犹太人是世界上最聪明的两个民族，中国的语言文字是最丰富的，叫什么航线也是一个符号，何必非要较真，国际航线和国内航线，避开不谈，叫两岸航线就行。

三通的实现从2008年12月15日开始，这是一个历史性的日子，过去对峙了将近60年都不能通，现在三通得以实现。我想说一组数字，从2008年12月开启到2009年8月底，两岸的航班由平时的包机转为定期航班。2009年7月1日，台湾方面开始受理大陆资本向台湾投资，投资由单向改为双向。现在大陆有台资企业8万多家，在此之前，在台湾一家陆资企业都没有。台湾对陆资实行封闭，不让我们进去，现在开始进了。三通实现了以后，空运方面，两岸开通的直航航点已经达到41个，航班总量次每周558班。这是什么概念呢？一天将近80班，货运班次也达到56班。海运方面，两岸已经有83个港口实现直航，其中71个港口已经开通直航运输。在世界经济不景气的情况下，三通的实现为两岸摆脱金融危机发挥了非常重要的作用。

去年两岸的贸易额已经突破了1600亿美元的大关。这几年都是连续1000多亿美元。现在两岸的贸易额累计超过了10000亿美元，达到10597亿美元。其中大陆出口到台湾1913亿美元，台湾出口到大陆8684亿美元，台湾从两岸的贸易中得到6371亿美元的顺差。大家知道，国际上的双边贸易，两边都追求顺差和逆差的平衡，单方一直得到顺差是没有先例的，只有大陆对台湾网开一面了。正如过去朱镕基总理说的，我们让利给台湾，我们自己的同胞嘛。

去年，我们批准了台资企业 2639 个，到现在累计台资企业在大陆有 85000 个，投资额达到 550 亿美元。我们到台湾去的投资项目 112 个，投资额 2.17 亿美元，少得可怜，所以我们现在鼓励有条件的企业到台湾去投资。泉州是全省经济最发达的地区，民营企业中有很多名牌，都可以考虑去投资。投资不一定是经济行为，有很大的政治意义。我们过去在台湾一家企业都没有，在经济上就没有什么直接的企业联系，现在大陆成为台湾最大的贸易顺差来源、最大的出口市场、最大的投资市场，三个最大，你说台湾还能离开大陆吗？

5. 大交流、大融合、大合作、大发展的局面已经形成

第一，各界交流的层次不断提高，领域大为拓宽，内容更加丰富，形式屡有创新。两岸的人员往来规模迅速发展，从总量上来看，过去的四年，台胞累计来大陆 1925 万人次，是前 21 年总数的一半。到去年底，台胞到大陆累计 5900 万人，什么概念？台湾 2350 万人，平均一人来了两次半，当然不是说 100 人次就是来了 100 人，一个人来了 100 次，我们叫 100 人次，实际上到大陆的也只有 660 万人，也就是说还有 1600 多万台湾人没有来过。所以我们要办海峡论坛，给很多基层没有来过大陆的台湾同胞创造机会。从 2008 年 7 月开放大陆居民赴台旅游以来，到今年三月，累计已经有 350 万人次到台湾旅游。从每年往来的数字来看，有来有去的数字，2008 年是 460 万人次，2009 年突破了 500 万人次，2011 年突破了 600 万人次，今年突破 700 万人次没有问题，一年一百万人次的增长数。这些年累计人员的往来，我刚才讲的台湾是 5900 万人次，大陆是 637 万人次，比台湾来的少多了，以后交流的人数和领域更有空间。

第二，从交流的层次看，前四年省部级的领导同志访问台湾是

1088人次，是过去21年的2.7倍，其中省委书记、省长22人次，涉及15个省市。中央部门的负责同志30多人，涉及20个部门。现任和离任的国家领导人18人次，主要是全国人大、政协的领导。这些高层次的领导都特别亲民，到基层和台湾的老百姓交流，都取得了很好的效果。在交流方面，基层的交流更加广泛，我们的海峡论坛从2009年开办，到今年是第四届，从6000人到8000人，到去年10000人。本来今年计划12000人，因为台湾遭受了暴雨洪灾，有一些人来不了了，如果这一次台湾没有受到台风的袭击，来12000人是没有问题的。

第三，各个领域的交流持续深入，而且重视特色交流。比如说福建闽南文化交流，这是特色交流，闽南文化在两岸交流中起到非常重要的作用。因为闽南文化和台湾文化是一脉相承的，交流起来更加顺畅，更加有共同语言。闽南文化特色交流是泉州的一个特色。文化部2007年公布了十个文化保护区，据我所知，九个都是少数民族的，只有闽南文化是汉族的。现在我们打闽南文化牌，开展两岸的交流，有非常多的文章可做，特别是中央号召建设文化强国，大力发展文化产业。这次海峡论坛在泉州办创意论坛，是打好闽南文化牌的重要平台，对两岸交流起到了作用。

6. 两岸同胞感情加深，赞成两岸平等协商，交流合作，支持两岸关系和平发展，已成为两岸同胞的共识和岛内的民意主流

不管在奥运期间还是汶川地震期间，还有台湾的莫拉克台风灾害，都体现了两岸同胞血浓于水的骨肉深情。汶川地震发生后，台湾捐助大陆6.7亿元人民币，是我们接受的境外捐助中最大的一笔。台湾莫拉克台风灾害发生之后，我们向台湾捐献了9.8亿元人民币，占外界捐助台湾捐款的90%，这都体现了两岸同胞的骨肉情深。2008年以来，我们为了应对金融危机，大陆各个部门出台一系列惠台政策，加大对台工业和农产品的采购力度，我们的省长书记都拿着订单，一去都是购买一百多个亿。台湾曾经有一些计算机面板压在仓库里，外面没有订单了，企业停产了，工人回家了，就是没有办法生产了。我们一些省领导去，他们就问你们能够要多少，我们的省领导说你们生产多少，我们全部要。本来因工厂停产，工人回家了，现在全都回来开工。在国际金融危机面前，两岸同胞携手共度时艰，同胞情谊表现得更加充分。

7. 涉外领域的冲突和内耗减少

胡锦涛总书记在2008年12月31日的讲话中，希望两岸在涉外事务中减少不必要的内耗。内耗这两个字用的非常精确，"内"表明我们是一家人，"耗"就是消耗。我记得在1998年海基会董事长辜振甫到大陆来访问，钱副总理会见，辜振甫就曾经向钱副总理提出，我们两岸"外交"休兵，就是你也不要挖我的"外交国"，我也不要挖你的"外交国"。钱副总理当时非常明确地告诉他，两岸不存在"外交"休兵的问题。因为和我们建交的国家增加、和台湾"建交"的国家减少，这是历史发展的必然趋势，今后还会发展。这是一个基本的事实，中华人民共和国成立的时候，和我们建交的、承认我们的，只有社会主义阵营二十几个国家，当时和台湾"建交"的是七十几个国家。到1971年，随着我们国际地位的提高，联合国通过第2758号决议，恢复了中华人民共和国在联合国的合法席位，国际上形成了与我们的建交潮，同时台湾是断交潮。当年辜振甫希望两岸"外交"休兵的时候，和台湾"建交"的国家还有29个，到现在和台湾"建交"的是23个，和我们建交的是 171 个。可以说,在世界上有影响的大国全部和我们建交了,和台湾"建交"的 23 个国家"非黑即小,非小即穷"。南太平洋一个国家,就是一个海岛,它的国土面积和海水的升落有关系,一退潮,国土就增加,一涨潮,国土就缩了一半。它的经济甚至是靠卖候鸟的粪来维持的。候鸟来得多一点,排泄多一点,它的经济就好一点,来的鸟少一点,排泄量减少了,它的经济就不行了。这些所谓的维持"外交国"是相当可怜。实际上与台湾"建交"的这 23 个所谓的"外交国"也是不稳定的,其中有一些就明确地表示要和我们建交,和台湾断交。说实话,我们考虑到马英九才刚上台,再给他减少几个"外交国",他没有面子,我们也不愿意这样做。如果我们想去挖,这二十几个国家恐怕要挖掉一半。一个国家要得到外交承认有三个要件:领土、人口和国家承认。如果没有几个国家承认,你算是什么国家?现在台湾的"外交"就非常孤立。在国际赛事中,像奥运会,台湾只能以"中华台北"的名义参加,在世界卫生组织以观察员的名义参加。实际上,台湾所谓的"建交国",是和"中华民国"建交,认为台湾代表中国。一旦台湾"独立",成立所谓的"台湾共和国",这 23 个国家中恐怕大部分不会和它建交,这就是台湾"外交"的孤立。

在国际事务中,我们反对"台独",也有非常好的条件。大家知道,中央领导和外国元首会见,外国政要几乎无一例外地承诺认同一个中国,反对"台独",不与台湾发生官方关系。有这样的承诺,不跟它发生官方的政治关系,我们才跟他交往,你一旦发生了政治关系,我们不可能和你再有国家关系来往。但是这些年,陈水扁在台湾搞烽火外交,金钱外交,自己坐专机上了天,不知道到哪个国家去,在空中漫游。马英九上台以后,就改变了陈水扁的烽火外交,采取比较缓和的办法。我们对台也是网开一面,刚才讲了世界卫生组织,过去陈水扁在台上,每一年都打压他,不让他参加。现在我们在这方面,为了台湾的稳定和两岸关系的改善,也会有一些让步。当然,与我们建交的国家,看中我们的市场,这也是非常重要的因素。

这是两岸关系取得的七个方面的成绩。说到底,这些工作的进展和我们国家的经济发展和国际地位提高有密切关系。邓小平同志说过,关键是把中国自己的事情办好。你不把自己的事情办好,解决所有的问题都无从谈起,包括台湾问题。1994年,台湾的GDP相当于大陆的45%,这是什么概念?1994年台湾的GDP相当于我们的一半!那是最高的时候,以后台湾逐年下降,我们逐年提高。到去年,台湾的GDP仅相当于大陆的6.4%,从45%下降到6.4%。和台湾"建交"的23个所谓的"邦交国",总人口和总面积占不到全世界的1%。这是前面讲的七个方面获得进展非常重要的原因,关键是把自己的事情办好。

我们要解决台湾问题,无非就是邓小平讲的两种方式,一个是武力,一个是和平,和平的力度要大一点。在这些方面,我们提出和平发展是两岸关系发展的主题,这和世界和平发展的潮流是一致的,也深得台湾同胞的认同。即便民进党也不能否认和平发展。所以,我们掌握了舆论的制高点和政策的制高点。这些都使我们在工作当中路线正确,争取台湾民心,使更多的台湾同胞加入两岸交流的行列,从交流当中认识大陆。在两岸军事对峙时期,互相把对方说成"匪",那是历史事实。蒋经国在晚年的时候听一个国民党秘书长给他念大陆方面的材料,当念到"共匪"如何如何时,他说"停",今后不要再有这个,你讲邓小平就邓小平,前面不要加一个"共匪"。我们对台湾,后来也没有再叫他们"蒋匪",那是敌对状态的一种称呼。两岸关系的发展，就是在交流当中不断地互相认识，所以蒋经国在晚年开放党禁、报禁、探亲，他说时代在变、环境在变，我们也要变。

说起来，邓小平和蒋经国曾经是同学。早在1926年到1927年，两人是莫斯科中山大学的同学，睡在一个房间，邓小平是共青团小组的组长。因两个人个子都不高，排队的时候经常肩并肩排在一起。因为莫斯科天气寒冷，两人经常互相踢打摔跤取暖。为了两岸的统一大业，邓小平曾经以不同的方式给蒋经国带话，但是蒋经国以"不接触、不谈判、不投降"这"三不"回应，直到晚年才开放台胞到大陆探亲，此举对两岸打破隔绝、发展关系是应当肯定的。可惜蒋经国身体不好，疾病缠身，如果他能再多活几年，李登辉和陈水扁没有当政，两岸关系也不会有后来那么多波折。当然，历史不能假设。两岸关系历经了风风雨雨，终于在2008年见到了彩虹。

（二）两岸关系中的一些现实问题与挑战

虽然我们讲到这四年两岸关系发展很快，但是同时要看到两岸关系实现历史性转折的时间还不长。今后随着两岸关系的发展，一些浅层次的问题已经解决了，就像改革一样，进入深水区后，一些深层次的结构性问题仍然会出现。所以我们对对台工作的复杂性和艰巨性仍要有明确的认识，才能够保持清醒的头脑，要正视两岸关系当中的一些现实问题和挑战。

1. 关于马英九和国民党

马英九在台上，虽然会继续改善发展两岸关系，但是触及两岸的政治议题，到现在还看不出他有什么积极的作为。在他第二个任期开始前，大家非常关注马英九的"5·20"讲话，都希望在他的讲话中能触及政治议题，但是很可惜，一个字没提。在此之前大家期许是有理由的，因为马英九自己说过，"我第一个任期是拨乱反正，第二个任期是脱胎换骨，我虽然没有连任的压力，但是我有对历史交代的压力"。什么叫"对历史交代"？像蒋经国一样，在去世之前开放探亲，解除党禁报禁，这是向历史交代，历史上是有记录的。马英九说自己有"对历史交代"的压力，不在两岸问题上作出一些标志性的动作，你怎么向历史交代？政治谈判没有提，和平协议没有提，军事互信没有提，这些议题都涉及政治问题，都可以列入"对历史交代"的内容，但是，他都没有提。这说明两岸结构性深层次的问题没有解决。

我们当然赞同马英九反对"台独"，坚持"九二共识"，推动发展两岸关系，同时，他又说过两岸关系"不统、不独、不武"。这实际上是美国人的话。因为，两岸不要统一，不要独立，也不能动武，一直维持着现状，符合美国的战略利益。马英九虽然讲过，两岸不是两个中国，两岸关系不是国与国的关系，但同时又说强调的"一中"就是"中华民国"，这又给对"一中"的认同添加了一些附加条件。我们说"一中"不讨论内涵，模糊一点，即不表，你不表称"中华民国"，我也不表称中华人民共和国，双方就承认两岸是一个国家就行了，但他非要说"一中"就是"中华民国"。

这一次马英九选举虽然胜了，但他是胜中有败。2008年，他得票超过对手221万张，这次只超过80万张，得票率从58%下降到51%，下降了7个百分点。民进党是败中有胜，得票率从2008年的41%上升到45%，上升4个百分点。马英九当政有很多的问题，特别是这一次油电双涨，美国牛肉进口，弄得怨声载道。最近台湾一个满意度民调显示，第一名是苏贞昌，就是刚刚当上民进党主席的，54%，最低一名是在监狱里关着的陈水扁，13%，马英九 15%，仅仅比陈水扁多 2 个百分点。一个关在监狱里犯了九种罪的犯人，比现任的最高领导人仅差 2 个百分点，这就可以看出民间对马英九的怨气，可谓怨声载道。他处理很多问题没有经过深思熟虑，本身性格有很多的缺陷。我刚才讲了，他是一个廉洁的人，是一个好人，但台湾人民希望的是一个能人来当政，不光是一个好人就行了。好人什么事都干砸了，我选你难道是要你无所作为吗？根据成熟的民主制度，领导人支持率低于 20%，是要自动下台的。换言之，80% 的民众都不支持你了，你还能坐下去吗？大家想想，一个地方的最高领导人比一个犯人的支持率仅多 2 个百分点，问题有多么严重！当然，他第二个任期还有两年，在后两年能不能作出标志性的贡献，能不能在政治问题上有突破，还看不出来，还有待观察。这是国民党的问题。

2. 关于民进党

现在苏贞昌上台了，他一方面强调台湾是"主权独立的国家"，前途由 2300 万人决定，台湾的自由、民主、人权，这些最高价值绝不放弃，同时他提出积极自信与大陆开展互动。他当选民进党主席后，宣布成立"中国事务部"。民进党成立的时候，这个事务部是民进党八个一级部之一。后来在陈水扁当政的时候，2007 年把"中国事务部"变成"国际事务部"。就这么一个部门的名称改变，就可以看出陈水扁的"台独"理念，显然是想把台湾和大陆变成"国与国"之间的关系，就是落实他的"一边一国"理念。苏贞昌要恢复"中国事务部"，表明民进党要处理大陆政策的难题。他说，要对大陆保持开放的态度，灵活地面对，要正面地看待大陆，友善地看待大陆。这是开放的，要建立与大陆讨论问题的平台，不要让国民党一家垄断。台湾的一家媒体民调显示，60%的民众赞成他访问大陆，反对的只有16%，而且认为未来两年是民进党对大陆最好的时期。但是我们应该看到，关键问题是民进党的"台独党纲"和不承认"九二共识"。这实际上是民进党与我们打交道的障碍。我们和国民党打交道就是因为有基本的政治基础，认同"九二共识"，反对"台独"。如果民进党这两个问题不解决，我们不可能和民进党发生党际关系。民进党的党员也好，领导人也好，以适当的名义，比如民间的身份来大陆进行个人交流交往，可以，如果带一个民进党的代表团来，是不可以的，因为这个党有"台独党纲"和不承认"九二共识"，我们不可能跟这样的党发生党际关系。

我们现在至少看不出民进党有抛弃"台独党纲"和承认"九二共识"的迹象。民进党在迫不得已的情况下，不得不面对大陆，民进党想在台湾主政，如果不调整大陆政策，它无法实现这一目标。因为现在两岸关系的发展直接涉及台湾民众的福祉。所以民进党也面临着调整大陆政策的压力，但是调整到什么程度，目前还看不出来。但是我们应当承认，民进党是台湾一个重要的制衡国民党的力量。因为尽管台湾有一百多个党，但是除了国民党和民进党，其他的都是小党，包括亲民党、新党，力量都很小。民进党曾经有八年的主政经历，现在仍然是一个"台独"党，仍然是发展两岸关系最大的障碍。民进党虽然败选了，但是并没有溃败，它的基本盘不仅没有缩小，而且扩大了。民进党在陈水扁那样贪腐、失去民众支持的情况下，蔡英文继任民进党主席，把民进党带出了低谷，从这次选举的结果看就很清楚，得票率提高了4个百分点。马英九得票率下降了7个百分点，一升一降，就可以看出民进党的支持率在慢慢上升。不能够排除民进党东山再起、继续主政的可能性。马英九如果老是这样，民调只有15%，如果现在选，肯定就要下台，你自己把自己搞下去了。

所以台湾有一句话，"李登辉分裂国民党，造就了陈水扁"，如果国民党不分裂，连战和宋楚瑜联合起来选，肯定没有陈水扁什么事，就是他分裂了国民党，亲民党出去了。2000年的选举，亲民党得到了36%的选票，连战获得了23%的选票，加起来59%，陈水扁39%。如果当时连、宋联手，加起来会多20个百分点的选票，肯定当选。结果他俩单独选，得票都比陈水扁少，宋楚瑜少3个百分点，连战少16个百分点。所以都选不上。所以说李登辉的分裂造就了陈水扁，马英九的无能造就了蔡英文。我刚才讲的，蔡英文虽然败选，但是在选举当中的表现还是不错的，所以现在民进党考虑2016年还推举她再选。我们看台湾的局势，不能因为国民党和我们关系好，就肯定要与之交往，它本身的问题很多。所以台湾民众选举就很无奈，面对国民党和民进党两个"烂苹果"，每一次选举就是看哪个烂得少就选哪个，并不是这个苹果很好，只是在两个"烂苹果"当中选一个不怎么烂的来投票。

3. 关于台湾民众

台湾民众对两岸关系发展存在复杂的心态，仍然是我们面临的主要挑战。这次选举把"九二共识"作为一个非常重要的指标提出来，马英九就靠这个打击民进党，民进党没有两岸政策，不认同"九二共识"，两岸关系不能稳定，台湾民众利益直接受损害，打中了民进党的要害。但是，实际上台湾老百姓并没有完全像我们认识的那样，"九二共识"的核心是一个中国，他们只是觉得国民党认同"九二共识"，两岸关系就稳定，主要是出于这个考虑，并非赞同一个中国。选民多数是从自己的经济利益来考虑，哪个党对他们的经济利益有帮助，就选哪个党。在深层次的问题上，台湾民众的心态很复杂，跟我们大陆同胞有不同的历史背景和经历。你想想，台湾割让给日本50年，形成了被遗弃的弃儿的心态。两岸本来是一个国家的，一个母亲生的几个孩子，母亲无力抚养了，就把我台湾这个孩子送给人家了，你这个祖国母亲，为什么偏心眼，怎么不送其他的孩子给人家，偏偏把我送给人家呢？台湾民众在殖民地的状态下非常痛苦。我们考虑问题，既然是同胞，就要设身处地地考虑台湾民众的心态，那是一个非常复杂的心态。他认同我的祖先在大陆，这个都是事实，但是同时，他又认为大陆对我不公，你把我抛弃了，我成了"亚细亚的孤儿"。过去两岸又对峙又打仗，军事对峙这么长时间，我们实事求是地讲，我们共产党也有错误，"文化大革命"搞成这样，你给台湾什么观感？你怎么解释这个事情？

正如邓小平讲的，关键是把自己的事情办好。自己的事情办不好，你怎么去要求别人？为什么台湾老百姓大部分只想维持现状？有一部分原因就是他们对大陆不放心，这个需要我们思考。解决两岸的问题无非就是两边的问题，你的问题、我的问题、外部的问题，这三个问题中，外部的问题我们改变不了，美国不可能支持你统一。一个是要设身处地考虑台湾老百姓的感受，不要用我们自己的观点和看法来要求台湾民众与我们认识一致。这是一个很复杂的问题，"冰冻三尺，非一日之寒"。你想让台湾老百姓非常赞同统一，没有水滴石穿的功夫，不假以时日是不可能的事情。台湾民众心态的复杂还和国民党过去长期的误导有关系。台湾当局说台湾就是一个"主权独立的国家"，"中华民国"把首都搬到台北来，我为什么不是一个国家呢？你为什么在国际上打压我呢？台湾前途由台湾人民自己来决定，为什么不可以呢？这些问题的解决，只能有个过程，不能一蹴而就。加之两岸对峙以来，国民党统治以后有很多反共的宣传。

2008年10月，在台南发生了我被袭击的事件。有个人跳到我的汽车上踩，把汽车踩塌了。下午警察把他叫去，问他为什么要踩车，他说国民党教育我们要仇恨共产党，共产党来了，我当然要表示仇恨了，有什么不可以？他还理直气壮，觉得自己做得对。后来我陪一位领导同志会见了国民党的高层，那位领导同志谈起我遇袭的事件，说铭清同志这次受到的袭击和国民党长期的反共教育有直接关系。事实确实如此。双方那么对立，在相当长的一段时间，都把对方当作土匪，这种认识虽然有很大改变，但直到现在都没有完全消除。在后来的李登辉、陈水扁的误导之下，日积月累，变得根深蒂固。这是非常复杂的事情，所以我们必须要假以时日，解决台湾民众长期积淀下来的一些错误认识问题。对台湾老百姓的心态，我们一定要实事求是地认真对待，从历史到现实很好地考虑一下，绝对不能一厢情愿，对复杂问题尤其是多年积累下来的问题，绝不能简单化解决。

三 关于新形势下的对台工作

关于新形势下的对台工作，主要讲两点，一个是和平发展主题，一个是争取民心。

对于两岸关系和平发展这个主题，经过这几年的实践，台湾同胞已经认同。对台工作以争取台湾民意作为主线，说到底是争取台湾民心，对台工作的出发点和立足点就是争取民心。中国统一的过程，实际上也是争取民心的过程。目前，台湾民意是大部分人希望维持现状，如果其中一半的民心转变为支持统一，国家统一就水到渠成了。因此，要通过我们的对台工作，使半数以上的台湾同胞支持统一，使他们认为统一对他们只有好处，或者利大于弊，他们为什么不赞成统一？目前，台湾老百姓大部分仍希望维持现状的时候，没有做深入细致的工作，你想急于解决统一问题，怎么可能解决呢？

台湾是一个选举社会，每一年都选举，如果台湾民众认为国家统一对他们有好处，他们肯定选支持统一的人上台。如果他们选上去的人不搞统一，再把他选下来。为什么要争取台湾民心？因为这是解决台湾问题的根本性问题。所以，对台工作一直在围绕这个根本在做。我们这些年出台那么多对台的优惠政策，一些政策还会使大陆在利益上吃些亏，但是对争取台湾民心有好处，我们也要做。台湾民众看到大陆对他们是有善意的，而不是害他们的，他们会体会到的。比如台湾的中南部，果农的水果卖不出去，大陆宣布对台湾的水果实行零关税，有多少要多少。当时陈水扁对果农说，不要上当，这是中共的统战手段。老百姓说，我不懂什么政治，不懂统战，只知道水果烂在地里不如卖到钱更好。大陆零关税要，我为什么不卖给他们，让水果烂在地里呢？像这些对台湾同胞有利的事情，不光是台办来做，也不光是党政部门做，每个人都有责任来做。现在交流这么多，一年有几百万人来，我们也有几十万人去，包括在座的，如果大家都有这种意识，有一份力做一份工作，不是去一趟台湾，看看转转就回来了，这样不行，做工作要日积月累。大陆有这么多台商，他们有困难，我们帮他们解决了，他们来旅游遇到困难，我们帮他们解决，他们经济上有问题，我们帮他们解决。人心都是肉长的，你对他们好，他们还会对你咬牙切齿吗？他们会这样昧良心吗？不可能，慢慢心就暖回来了。他们也会比较，大陆对我们释放这么多善意，究竟对我们有什么坏处？统一之后利大还是弊大？如果他们认为统一对他们没有坏处,大陆对他们都很好,很关照,他们为什么还要恨大陆呢?所以中央就决定把争取台湾民心作为对台工作的主线,这项工作是人人都在做,不是哪一个部门的事情,对台工作如果没有方方面面的支持,不可能做好。

这一点,我们必须要有清醒的认识。以人为本,推动两岸关系的发展,以争取台湾民心为主线,这就是中央的精神,是中央领导同志反复讲的。解决台湾问题,一靠实力,二靠政策,三靠民心。民心向背是决定战争胜负的最重要因素,我们之所以能把蒋介石赶出大陆就是靠老百姓支持。可以说,实现国家的统一是一个长期的民心工程,既是一个重大的战略任务,也是一个紧迫的现实。所以,中央关于做好台湾人民工作的要求,贯彻到对台的经济、交流、宣传等方方面面,出台政策、处理问题、推进工作,都要反复考虑评估是否有利于争取台湾民心。这一点是对台工作最基本的要求。严格来说,这几年对台工作取得的成果,是跟我们用心做争取民心的工作分不开的。现在两岸关系的发展已经从开创期进入巩固深化期,巩固就是巩固原来的成果,深化就是要从人心考虑问题。所以有一句话说"两岸的经济交流是手携手,两岸的民族和历史的认同是根连根,两岸的文化交流才是心连心"。你要解决了心连心的问题,才能从根本上解决问题。所以在《海峡两岸经济合作框架协议》签订以后,两岸的经济已经实现了一体化、规范化、制度化,接下来就是文化交流。我们泉州有着得天独厚的优势,就是闽南文化,一见面,用闽南话一谈,马上心就拉近了很多,在其他的地方不具备这一优势。除了闽南的厦、漳、泉,闽东闽西都没有这个条件。

在这样好的情况之下,我们把争取民心的工作提到主线的重要位置来做,不管哪个方面的交流,包括我们大学的教育,有很多台生在这里，实际也是一个主要的争取民心的工作。不要小看一个人、不要小看一件事，一个人的事处理不好，一件事做不好，影响是很大的。这个问题需要强调一下。今后我们做对台工作，第一要贯彻胡锦涛总书记关于两岸关系和平发展的主线，第二要抓住整体民心。这是个很重要的工作，只有扎扎实实做好了，每一项工作成绩都是为统一大业添砖加瓦，积累资源，最后水到渠成。完成祖国统一大业是不能速成的。争取民心的工作，就是要让中间这一部分希望维持现状的民众转变为希望能够统一，做到这一点，除此之外没有其他办法；就是要一点一滴地做好争取台湾民心的工作，水滴石穿，润物无声，扎扎实实做工作，统一的大业才能水到渠成。我们希望早日实现国家统一大业，早日实现统一，这对中华民族的伟大复兴有非常重要的意义。现在台湾问题没有解决，从上到下，13亿中国人都是一块心病，怎么早日解决？要靠每一个人从自己做起，从现在做起，共同来努力才能做好。

以两岸关系和平发展为主题，以争取台湾民心作为主线，加强各方面的交流，人人都来做对台工作，把争取民心的工作落到实处，我们的统一大业才能早日完成。

[互动问答]

1. 两岸开展军事防务合作是否可能?

听众A:

尊敬的张教授，您好！我是华侨大学2010级的本科生，我们知道

2012年是"九二共识"形成20周年，也是马英九第二任期开始，在这一段时间内，两岸取得了不少进展，包括经济和文化方面，而且面对国际安全形势的复杂化趋势，比如说在钓鱼岛和周边岛屿存在着核心利益威胁。请问张教授，两岸是否可以在适当的程度上开展一些军事防务领域的合作？

张铭清：

这个问题涉及两岸军事互信机制的问题，也是属于政治范畴的问题。特别是在黄岩岛事件以后，两岸的学者都曾经提出两岸携手共同维护我们的领海主权。网上有一句话叫"扫黄打非"，即"扫荡黄岩岛，打击菲律宾"。但是，事关两岸合作，又涉及国际事务，不能情绪化，也不能简单化解决。大家都希望看到两岸携手，并肩捍卫祖国的主权领土完整，譬如两岸组织舰队一起去巡逻等等。现在台湾方面实际控制的南海太平岛，是南海最大的一个岛，如果两岸合作，太平岛是一个有利的条件。两岸的军事合作，需要首先结束两岸的敌对状态，建立军事互信，因为现在两岸的敌对状态并没有消除。在大陆方面，早在1995年，江泽民总书记就提出，两岸可以首先就结束敌对状态进行谈判。为什么说敌对状态没有消除呢？交战双方结束敌对状态要具备三个条件之一：第一个，一方把一方消灭；第二个，一方投降；第三个，双方签订和平协议，敌对状态结束。这三个要件中的任何一个条件，目前两岸都不具备。这就是说，作为军事合作的第一步——结束敌对状态这个条件不具备，那么，建立在这一前提之上的军事互信无法形成，也就谈不上后续的军事合作。什么是军事互信？就是你方在军事方面有什么决定要告诉我，同理，我方在军事方面有什么决定必须告诉你，以便双方联合行动。因此，两岸要联手就南海问题、钓鱼岛问题进行军事合作才有可能。敌对状态没有结束，军事互信没有建立，军事合作和联合行动就无从谈起。也就是说，军事合作要三步走，第一步还没有迈出去，何来第三步呢？说到底，两岸军事合作也属于两岸政治协商的第一步。只有结束敌对状态、签订和平协议，才能建立军事互信机制，才有可能有联合军事行动。否则，军事合作便无从谈起。大家的心情我能理解，很多大陆老百姓都希望这样做，但是，光有良好的愿望是不够的。饭必须一口一口地吃，路必须一步一步地走，着急解决不了问题。

2. 关于两岸经济合作的税收问题。

听众B：

您好，我是华侨大学工商学院的老师。我的研究方向是税收，正在做一个省级社科课题，关于两岸经济合作的税收问题研究。现在台湾对大陆经济合作的依存度非常高，税收是一个从经济走向政治的通道。两岸还没有签订一个类似于国际上税收协定的东西，我们知道内地和港澳签订了双边税收安排协议，可能从税收上，我们大陆希望签订税收安排协议，台湾希望签订税收协定，这个就谈不拢，而且双方官方合作很少。就这个事，您是否知道中央层面有怎样的进展？谢谢！

张铭清：

这个问题，实际上是两岸经济合作框架内的一个内容。两岸经济合作框架协议，现在还有两项后续的协议没有谈，一个是服务贸易协议，一个是投资贸易协议。服务和投资协议都涉及税收，是接下来后续谈判的内容。我觉得你研究这个问题非常有现实意义，建议你注意一下ECFA后续谈判关于税收的部分。如果你有什么好的建议，可以通过台办或相关部门和渠道提出，我也可以帮你转告有关部门。现在两岸有一个经济合作委员会在处理这方面的事情，后续谈判中这些问题都会一一涉及。据我所知，有经济方面的人士也谈过这个事情，就是税收的合作，税收是经济上非常重要的方面，在后续谈判中会谈到的。

听众B：如果没有官方的合作，可能会涉及避税和双重课税的问题，都对经济合作非常不利，非常感谢您的答复，我也很希望要一个您的联系方式，后续可以把我的研究成果传给您。

我们会后再联系。因为现在台商投资避税和双重课税问题已经遇到了，是一个正在解决的现实问题。

3. 马英九连任后的趋势怎样？

听众C:

张教授您好，我想问一个问题，我们都知道在马英九担任台湾领导人之后，在经济方面加强了很多的合作，取得了比较大的进展。但是从目前的情况来看，"5·20"连任之后，大家可能觉得他现在的讲话和一些作为，对两岸互动有一种冷却的趋势，请问您怎么看待这个问题？谢谢！

张铭清：

我刚才已经谈到了，对马英九连任的就职演说有些失望，我和大家的感觉是一样的。他没有触及两岸政治议题，这个本来是在他第二任期两岸都十分关注的，也是他应当考虑的问题。早在2008年选举的时候，他就提出当选后签订两岸和平协议。如果要求他一当选就签订和平协议，那不现实，但是到第二任期还一字不提，就令人费解了。

实事求是讲，这也与马英九的个人性格有关，他在很多政策层面上缺乏魄力，缺乏担当。作为一个领导人不揽权，能团结人，敢拍板，是应该具备的素质，但是马先生恰恰在这三个方面都做得不尽如人意。正因为如此，他当政的民意支持率很低，支持率只有15%，只比在监狱里的陈水扁高2个百分点，这是很值得他深思的。

4. 在与台湾民众交流中应注意哪些问题？

听众D：

您好，张教授，我是华侨大学文学院的一名学生，下个学期有幸有机会去台湾做交流生的项目，因为您在台湾接触过很多高层和民众，我很想为两岸关系的发展做一些自己的贡献，想和那边的民众多多交流。据您所知，台湾的民众是否乐意与大陆这边的人进行交流？或者说在交流中应该注意哪些形式，他们更容易接受呢？谢谢您！

张铭清：

有这样的赴台交流机会是非常好的。现在大陆去台湾进行交流活动的人不少，但是实事求是地说，一些交流的效果并不理想。走马观花浅尝辄止的不乏其人，这个恐怕有违两岸交流的初衷。我是指交流活动，不是旅游者，因为目的不同，要求也不能按交流的标准。他也没有那个条件，旅游就那么几天，你想让他深入了解也不可能。你作为学生去交流，我觉得是应当按交流的要求去做。建议你首先要多跟同学接触，可以在学校里与学生接触，也可以到社会上和民众接触，通过聊天的方式，和他们平等地谈心，要了解他们现在是怎么想的，对大陆是什么观感，对大陆哪些满意哪些不满意，等等。学校里面因为知识分子比较集中，比较敏感，我建议你可以安排时间深入到民众当中去，了解他们对大陆的看法。当然，你还可以有自己的交流项目。深入民众中，与各色人等交流，只是个副产品。我想，你既然去了，就要抓紧时间，找机会深入，沉下去，了解台湾底层民众的心态。如同我前面讲的，为争取台湾民心做些尝试。这样我们就可以有针对性地做一些事情。我们要做人的工作，首先要了解对象，对象若不清楚，做起来无异于对牛弹琴。

如果要注意的话，就是要平等待人、平易近人，很低调，和民众交朋友。这次海峡论坛上，苏省长谈到他不久前带团到台湾去，台中市市长胡志强说过一句话，台湾的民众到大陆来是回家，大陆的同胞到台湾去是走亲戚。我想我们去台湾，要有走亲戚的心态，对台湾同胞来大陆，是欢迎他们回家，这样交流的气氛就不一样了。这些话，仅供你参考。谢谢！

李君如简历

李君如 研究员，博士生导师，享受国务院政府特殊津贴，第十届全国政协委员，第十一届全国政协常委，中直机关侨联主席。曾任上海社会科学院院长助理、毛泽东思想研究中心主任、邓小平理论研究中心主任。1993年调任中共中央宣传部理论局副局长，1998年调任中共中央党史研究室副主任。2000年始任中共中央党校副校长。兼任中国浦东干部学院中国特色社会主义研究院院长、中国马克思主义哲学史学会常务理事、全国"三个代表"重要思想研究会会长、中国改革开放论坛副理事长、中国中共党史学会副会长、中国政协理论研究会副会长、中国人权研究会副会长等职。

长期以来主要研究马克思主义中国化的思想史，特别是中国特色社会主义理论体系研究，多次主持完成中央委托的重大课题调研和重要文件的起草工作。出版了数十部著作，其中，由《毛泽东与近代中国》《毛泽东与当代中国》《毛泽东与毛泽东后的当代中国》组成的"毛泽东研究三部曲"在1998年荣获第11届中国图书奖，主持编写了《邓小平同志建设有中国特色社会主义理论学习纲要》和《建设有中国特色社会主义若干理论问题学习纲要》。发表了数百篇论文和各类文章，其中《邓小平的"中国特色社会主义论"》(《解放日报》1991年6月5日)获1992年全国精神产品"五个一工程"优秀论文奖，《邓小平的管理思想与领导艺术》(《解放日报》1992年10月7日)获1993年全国精神产品"五个一工程"优秀论文奖。

中国特色社会主义道路研究——学习胡锦涛总书记"7·23"讲话的体会

李君如　　2012年9月25日

前　言

1. 我与华侨大学

首先，我说说对泉州、对华侨大学的一点情感。福建省也好，泉州市也好，都是我非常关心的地方，因为当年改革开放总设计师邓小平的一个重要决策，是建立四个经济特区，其中包括福建的厦门。为此我多次到福建考察,特别是厦门、晋江、泉州这一片走得比较多,也亲眼目睹了改革开放以来这一块土地上发生的深刻变化。所以这一次你们希望我来就胡锦涛总书记"7·23"讲话谈一点心得体会,尽管最近一段时间特别忙,我还是欣然答应了。

我知道华侨大学是培养华侨子女的重要学校,我本人现在是中直机关侨联主席,刚才所有的介绍,其实都没必要,就是这一点跟华侨大学有一点关系,因为"侨"的关系,所以华侨大学请我来。我也愿意到这一所名校看一看,第一次来华侨大学,所以有种特殊的情感因素。

2. 中国特色社会主义道路是"7·23"讲话的主题

这一次谈的体会是关于胡锦涛总书记"7·23"讲话,这个讲话确实很重要。

在迎接十四大召开的时候,江泽民在中央党校发表了1992年的"六九讲话",这以后就形成一个惯例。每次党代会前总书记都要在省部级主要领导干部研讨班上发表重要讲话,其任务是通报即将召开的党代会的一些精神,统一全党的思想。这一次十八大前的"7·23"讲话属于这一类,不是一般的讲话,意义特别重大。同时,这次讲话的内容也确实对我们当前和今后的工作具有很大的理论指导作用。仅仅这两点,就可以看出这个讲话的重要性。

我跟大家一样,正在学习这个讲话,可能还没有大家学得好。这里,谈谈我的一点肤浅的或初步的心得体会,同大家交流。

需要说明的是,我今天交流的依据是"7·23"讲话的新闻稿文本。因为"7·23"讲话有两个文本,一个是文件的文本,就是党内一定范围内传达的文本;一个是新华社新闻稿的文本,现在我们学习的

中国特色社会主义道路研究——学习胡锦涛总书记"7·23"讲话的体会

主要就是新华社新闻稿的文本。我想谈四点体会，供泉州市的领导和华侨大学的师生们学习"7·23"讲话作参考。

为什么讲这个题目呢？打开"7·23"讲话文本，可以看到这个讲话的内容很丰富，涉及面很广。新华社新闻稿的标题把主题点出来了，强调要沿着中国特色社会主义伟大道路奋勇前进。

这个主题强调中国特色社会主义道路已经成为我们的伟大道路。如果你再联系一下胡锦涛总书记十七大后在中央党校举办的新进中央委员、中央候补委员专题研讨班上的讲话（每次党代会之后，都要对新进中央的中央委员和中央候补委员进行培训，十七大后研讨班的主题报告是胡锦涛总书记亲自作的），题目也是沿着中国特色社会主义道路前进。所以，我提醒大家重视这个问题。

在这里，我们也重点学习和研究一下中国特色社会主义道路问题。下面，我就这个问题，讲五点体会。一是中国特色社会主义道路是中国特色社会主义在实践中的表现形态；二是中国特色社会主义道路是在改革开放中发展中国的道路；三是中国特色社会主义道路是以现代化为目标，全面发展中国的道路；四是在科学发展观指导下拓展中国特色社会主义道路；五是坚持和拓展中国特色社会主义道路，为全面建成小康社会而奋斗。

一 中国特色社会主义道路是中国特色社会主义在实践中的表现形态

下面讲第一点体会，中国特色社会主义道路是中国特色社会主义在实践中的表现形态。

我们的道路有一个主题词，叫做"中国特色社会主义"。这是对这条道路的定性。这是我们讨论道路问题时首先要注意的。

中国特色社会主义作为一种"主义"，就是旗帜。旗帜就是方向，就是形象。我们过去这么说过。

为什么说旗帜是方向和形象呢？

喜庆之日挂彩旗，那是物质形态的旗帜。还有一类物质形态的旗帜，是有一定意识形态内涵的物质形态的旗帜，比如说我们的党旗、我们的国旗、我们的团旗、解放军的军旗乃至我们少先队员的队旗等等。这也是物质形态的旗帜，但是它有一种意识形态的内涵。

除了这两类物质形态的旗帜，还有一种是观念形态的旗帜，比如现在讲的中国特色社会主义伟大旗帜，还有毛泽东思想伟大旗帜等等。这些旗帜是观念形态的旗帜，是我们的行动指南、指导思想。1920年，毛泽东经过艰辛的探索和痛苦的反思找到了马克思主义，当时他在给朋友们写的书信中讲，改造中国和世界要有一班刻苦励志的"人"，要有一种为大家共同信守的"主义"。主义譬如一面旗子，旗子立起了，大家才有所指望，才知所趋赴。我们党的七大在延安召开的时候，七大的主席台上方有一个横幅，上面写的是"在毛泽东的旗帜下胜利前进"。这里说的旗帜，就是观念形态的旗帜。

对于一个党来说，树什么旗帜，就标志着选择了什么"主义"；旗帜指向哪里，奋斗的方向、前进的方向就在哪里。今天，我们党树起了中国特色社会主义伟大旗帜，就标志着我们是为中国特色社会主义而奋斗的党。

那么，这面旗帜里面包含什么内容呢？在十七大的时候，我们说高举这面旗帜，意味着：一要坚持中国特色社会主义道路，二要坚持中国特色社会主义理论体系。2011年在庆祝中国共产党成立90周年的时候，胡锦涛总书记又一次解读了旗帜，跟十七大相比有所前进了。他说，高举中国特色社会主义伟大旗帜，意味着：一要坚持中国特色社会主义道路，二要坚持中国特色社会主义理论体系，三要坚持中国特色社会主义制度。这次"7·23"讲话讲旗帜的时候，仍然是这样解读的：一是指道路，二是指理论体系，三是指制度。在"旗帜"的内涵上增加了关于"制度"的解读，意味着我们在制度创新方面，要进一步做出一篇大文章来。这应该引起我们的注意。

这里，我重点讲一下道路问题。前面我已经说过，胡锦涛总书记这次讲话的重点，是阐述在实践中怎样坚持和拓展中国特色社会主义道路问题。我们对此要很好地领会。

为什么要强调道路呢？这是因为，道路正确可以在实践中少走弯路，不但可以从胜利走向胜利，还可以从失败走向胜利。所以，我们常讲，道路问题至关重要，关系到党的命运、国家的前途、人民的安危。

第一，道路问题，就其实质而言，研究和回答的是我们的革命实践"从何处来，往何处去"这样一个最基本的问题。我们都知道，马克思主义有三个组成部分，有哲学、政治经济学，还有科学社会主义。科学社会主义，又叫共产主义，具有三个形态。首先，它是一种学说。这是根据资本主义社会的基本矛盾和无产阶级革命的实践创立的学说。其次，科学社会主义又是一场运动，因为这种学说不是那种在书斋里形成的纯理论，而是直接指导工人阶级实践的社会主义和共产主义运动。同时，这一学说中的任何一个观点都是为了推翻资本主义制度，这一运动的目标是要建立社会主义和共产主义制度。因此，马克思主义也好，科学社会主义也好，共产主义也好，它有三个形态：第一个形态是学说形态，就是思想理论形态；第二个形态是运动形态，这是实践形态；第三个形态是制度形态。这个问题在20世纪80年代的时候，胡乔木专门作过论证，我认为他讲的是对的。需要进一步认识的，是在这三个形态里面，作为实践形态的社会主义运动，有一个大问题，一个很关键的环节，就是要找到一条正确的道路，解决我们的实践"从何处来，往何处去"的问题。

这个问题，马克思在创立学说的时候已经注意到了。马克思1843年9月在写给他的战友阿·卢格的信里讲道：工人运动内部思想混乱，内部的困难几乎比外部的障碍更严重，虽然对于"从何处来"这个问题没有什么疑问，但是对于"往何处去"这个问题却很模糊。不仅在各种改革家中普遍出现混乱，而且他们每一个人都不得不承认自己对未来应该怎样没有确切的看法。马克思的意思很明确，就是工人运动要发展必须解决"从何处来，往何处去"的问题。1844年10月，恩格斯给马克思写了一封信，也讲了这个问题。他说，我在科隆逗留了三天，对我们在那里所开展的非凡的宣传工作感到很惊奇。那里的人非常活跃，但也非常明显地表现出缺少必要的支持。只要我们的原则还没有从以往的世界观和以往的历史中逻辑地和历史地作为二者的必然，继续用几部著作阐发出来，那就一切都还处于半睡半醒状态，大多数人还得盲目地探索。接着，恩格斯说："如果有人能向他们指明道路，那该多好！"他在信的结尾对马克思说，现在你要设法赶快把你所搜集到的材料发表出来，早就是该这样做的时候了。我也要把工作加紧干起来，而且就在今天重新开始写作。可见，马克思、恩格斯创立科学社会主义的时候，有很明显的意识，就是要为实践中的无产阶级指明道路，讲清楚工人运动"从何处来，到何处去"。所以，在马克思主义

运用到实践中去的时候,一个重要的问题,就是要找到正确的道路。

道路的开辟和选择问题,就其实质而言,是一个实践创新和理论创新的问题。我们在中国领导革命也好,建设社会主义也好,改革开放也好,最重要的是要在实践创新和理论创新中找到正确的道路。

第二,道路问题,对于中国共产党来说,就其实质而言,研究和回答的是马克思主义怎样和中国实际相结合的问题,即马克思主义中国化的问题。

实践告诉我们,对于中国共产党来说,找到和坚持正确的道路,必须坚持马克思主义,坚持把马克思主义中国化,这是一个关系到党的历史命运的大问题。因此,要认识找到和坚持正确道路的重要性和艰巨性,就要从马克思主义中国化这个基本问题讲起。

马克思主义中国化,是毛泽东在1938年党的六届六中全会扩大会议上提出来的。提出这个问题,对于形成实事求是的思想路线,找到正确的道路,形成科学的理论,指导革命的胜利,具有重大的意义。

研究这个问题,毛主席可以作为一个案例。我在《毛泽东与近代中国》中研究过青年毛泽东的思想成长过程。那本书是福建人民出版社出版的。毛主席的老师即杨开慧的父亲杨昌济先生是一个学术很渊博的人。杨先生给毛主席传授的思想体系是什么东西呢?在当时是很前卫的思想体系,是新康德主义。新康德主义提倡以"自我"为中心,在青年毛泽东留下的《讲堂录》《伦理学笔记》中可以读到他当时接受的是什么教育。因此,当时毛主席有很强烈的自我意识。他说过,没有我就没有宇宙,我就是宇宙,自我的实现是人生的最高目的。但是他对"自我"的解释是精神上的,他自称是精神之个人主义者。什么意思呢?比如说,我去铺路架桥,并不是有物质上的要求,也不是单纯地为了帮助别人,我是为了实现我的价值。所以,他说他是精神之个人主义者。这就是青年毛泽东最早接受的西方思想。

这种世界观促使他很快就吸收了西方的政治观点。在他编辑《湘江评论》的时候,就讲过有两个主义对中国有用,一个是激进的主义,一个是温和的主义。主张激进主义的,是一个德国人,叫马克思;主张温和主义的,是一个俄国人,叫克鲁泡特金。两者相比较,他认为克鲁泡特金的无政府主义比马克思主义思想更广更深远。为什么呢?马克思主义主张用强权去打倒强权,得到的仍然是强权,而无政府主义主张说服人家,要人家改善人性,那得到的是一个人性的社会。但是,他后来领导思想解放运动,领导驱张运动,领导湖南自治运动,一个运动接一个运动全失败了。痛定思痛,认识到无政府主义等在中国根本行不通,他给朋友写信说没有其他的路可走,还是要采用马克思主义。可见,他是在实践中接受马克思主义的,这以后再也没有动摇过。

但是,马上又发生了新的问题,马克思主义是在欧洲诞生的,在解决中国的社会问题时,虽然有指导意义,但又不能拿来直接用,于是毛泽东用马克思主义的原理和方法来研究中国社会结构。比如马克思讲资本主义取代封建主义以后,整个社会的阶级状况就简单化了,就是一个无产阶级、一个资产阶级,过去的中间等级都没有了。毛泽东用马克思主义的阶级分析方法研究中国,得出的结论是:中国不仅仅有无产阶级和资产阶级,还有地主阶级和农民阶级,以及小资产阶级,资产阶级中有大资产阶级,还有民族资产阶级,有一大堆的阶级。他用的原理和方法是马克思主义的,结论是从中国实际得出的。就是这样,他意识到马克思主义要和中国实际结合才能解决中国问题。后来,他1930年写《反对本本主义》,1937年讲《实践论》《矛盾论》，1938年提出马克思主义要中国化，一步一步形成实事求是的思想路线。毛泽东思想就是这样在马克思主义中国化的过程中形成的。

具体考察毛泽东思想这一马克思主义中国化的形成过程，我们还可以注意到，首先要解决的，也是最重要的，就是要解决中国革命走什么路的问题。在1927年大革命失败以后，毛泽东带领秋收起义队伍上井冈山，找到了农村包围城市、武装夺取政权的道路。从时间上看，道路的探索还早于"马克思主义中国化"命题的提出。所以，马克思主义中国化首先是实践上的中国化，找到道路，然后在道路开辟过程中总结经验，并把经验上升为理论。"左"倾教条主义看不起毛泽东，说你这是什么理论，只是经验总结而已，认为毛泽东没有理论，毛泽东只是一个经验论者，但后来实践证明，他在道路开辟中总结的经验就是中国化的马克思主义。毛泽东在延安的时候，完善他的理论，形成了完整的新民主主义理论。这一理论明确指出，新民主主义革命建立的是新民主主义制度，包括新民主主义政治、新民主主义经济、新民主主义文化，同时指出新民主主义革命是社会主义革命的必要准备，前途是社会主义。从中可以注意到，中国化的马克思主义也有三个形态，一是实践形态，二是理论形态，三是制度形态。其中，最重要的就是在实践中找到的中国革命的正确道路。

胡锦涛总书记在十七大以后举行的新进中央委员、中央候补委员专题研讨班上说过，我们党领导的革命、建设、改革事业都经历了寻找正确道路的艰难过程。这是因为，近代中国是一个落后的东方大国，具有几千年的历史文化传统，具有特殊的政治、经济、文化、社会条件，无论是当年在半殖民地半封建的旧中国进行革命，无论是新中国成立后在经济文化落后的基础上建设社会主义，还是党的十一届三中全会以后实行改革开放的新政策，都是马克思主义和社会主义发展史上从未遇到过的新课题，必须根据马克思主义基本原理，从我国具体实际出发进行探索。这就是为什么我们把道路问题看得那么重要的原因。

讲到这里，我想大致上可以作一个结论了，我们党那么重视道路问题，一是因为道路正确与否关系到党的前途命运，关系到党的事业成败得失，一定要正确选择；二是因为正确的道路是在推进实践创新和理论创新过程中形成的马克思主义中国化的科学成果，一定要倍加珍惜；三是因为正确的道路来之不易，坚持正确的道路必定会遇到各种各样的干扰，一定要坚定不移。

二 中国特色社会主义道路是在改革开放中发展中国的道路

下面讲第二点体会，中国特色社会主义道路是在改革开放中发展中国的道路。

在今天的形势下，我们应该怎样坚持中国特色社会主义道路呢？"7·23"讲话中，胡锦涛总书记从各个角度来阐述这个重大的问题。我把它归纳起来，主要是两点：第一，在改革开放中坚持这条道路；第二，用全面发展的理念来推进这条道路。

这里，先讲讲中国特色社会主义道路与改革开放的关系，认识到中国特色社会主义道路是在改革开放中发展中国的道路，必须在改革开放中坚持这条道路。

中国特色社会主义道路研究——学习胡锦涛总书记"7·23"讲话的体会

（一）在改革开放中坚持中国特色社会主义道路

"文化大革命"结束以后，我们碰到一个难题，即"文化大革命"以后的中国是继续走"以阶级斗争为纲"的老路，还是走资产阶级自由化的邪路，还是闯出一条符合中国实际、能够促进中国社会主义发展的新路。这是我们党和国家当时面临的一个历史性的选择。

在这个重大的关头，邓小平等老一辈革命家，从路线破题来寻找正确的发展道路。什么叫"路线破题"呢？一是从思想路线破题，从真理标准问题大讨论开始，开展了一场伟大的思想解放运动，重新恢复了实事求是的思想路线；二是从政治路线破题，果断摒弃"以阶级斗争为纲"，提出建设社会主义要坚持以经济建设为中心，坚持四项基本原则，坚持改革开放，形成了以"一个中心，两个基本点"为主要内容的基本路线；三是从组织路线破题，大规模地平反冤假错案，解放老干部，同时提出了干部要革命化、年轻化、知识化、专业化。

路线破题之后，拨乱反正就起来了，改革开放就起来了。但是，改革开放怎么搞呢？这是一个崭新的革命，没有现成的经验，只能在实践中探索。历史告诉我们，邓小平领导的改革开放在实践中有两个起点，一个起点就是支持农民搞家庭联产承包责任制。我们过去常讲改革从农村起步，这是对的，但不全面，邓小平同志在支持农民推行家庭联产承包责任制的同时，提出要建立四个经济特区，包括广东的深圳、珠海、汕头和福建的厦门。这两个起点，第二个起点的意义不亚于第一个起点。为什么这样说呢？农村实行家庭联产承包责任制，通过这样的改革把农村生产力解放出来，但我们知道，当年的农业经济主要是自然经济、半自然经济的小生产，解放出来的是小生产的生产力,同我们要实现的现代化目标有很大的距离。邓小平提出建立四个经济特区,有一个考虑。他在1978年10月就说过,要引进国际上的先进技术、先进装备作为我们发展的起点。他的思路很清晰。对于经济特区的功能,说它是一个窗口,是技术窗口、管理窗口,是对外开放的窗口。实践证明,他这一套是成功的。邓小平有一句话很多人忽略了,他说对外开放也是改革。这一改革,就是解放和发展现代生产力的改革。

顺便说一下,我们华侨大学的"侨",是指海外侨胞和归侨、侨眷。邓小平同志对"侨"很重视。过去,如果有海外关系是一个问题,很多人为此倒过霉,但是改革开放后,邓小平讲海外关系是一个好东西,世界上几千万海外华侨是我们发展的机遇。他认为这些海外侨胞正是我们同海外联系的桥梁,可以通过他们引进外国的资金、技术和管理经验,推进对外开放。

这两个实践的起点,对于中国的社会主义探索产生了很大的影响,使得我们的社会主义实践形成了两个鲜明的特点:一个特点,是从中国实际出发推进体制改革,解放和发展生产力,建设中国特色社会主义;另一个特点,是在对外开放中发展现代化的生产力,建设中国特色社会主义。因此,我们讲中国特色社会主义道路是在改革开放中开创的,是在改革开放中发展中国的道路,也必须在改革开放中加以坚持和发展。

(二)在同经济全球化相联系的同时,独立自主地建设中国特色社会主义

这里,再深化一下,讲一讲在对外开放中发展现代化的生产力,

建设社会主义，就是在同经济全球化相联系中独立自主地建设中国特色社会主义。

从创办四个经济特区开始，我们面向世界打开了窗口，开始对外开放。后来，进一步开放沿海沿江城市，批准海南建省并把海南岛作为开发区，又开发开放上海浦东，建立天津滨海新区，这样，就一步一步形成了包括长三角、珠三角、闽东南地区、环渤海地区在内的全面开放的局面。

20世纪90年代，经济全球化出现高潮。我们党的对外开放基本国策面临着一场新的考验，这就是，要不要参与经济全球化。因为，当时的世界，一方面，跨国公司进入了全球各地，也进入我们中国，经济全球化迅猛发展；另一方面，世界范围内的反全球化运动起来了。1999年10月30日，世界贸易组织第三届部长会议在美国西雅图开会的时候，来自世界各地的4万名反全球化人士集会抗议，在美国发生冲突，这就举起了反全球化的旗帜。在当今世界，有两个社会组织举起两面旗帜，形成两股潮流。一个是世界经济论坛，就是达沃斯论坛，高高举起了经济全球化的旗帜；另一个是从西雅图抗议以后，全世界反全球化人士在巴西南部阿雷格里港建立的世界社会论坛，高高举起了反全球化的旗帜。这两个论坛一直在唱对台戏。当今的世界，两个论坛，两面旗帜，两大帮子人，两股潮流——经济全球化与反全球化，一直在对立着。

对于改革开放中的中国和中国共产党来说，是参与经济全球化还是参与反全球化，这是一个很大的问题。大家可能还记得，20世纪90年代中期，在媒体上，有人讲经济全球化的本质是资本主义化，要害是美国化。写这样的文章，发这个声音的，是反对参与经济全球化的，他们甚至批判邓小平的开放政策。那时，还有一种声音，认为经济全球化潮流对我们中国来说是利用世界资源发展我国的一个极好的机遇。讲这个话的人，是主张参与经济全球化的。当年，以江泽民为核心的第三代中央领导集体碰到了这个难题。江泽民经过大量的调查研究，得出一个重要结论，认为经济全球化是社会化生产发展的客观要求和必然结果，对我们中国加快发展是一个新的发展机遇；同时，也要看到经济全球化不仅加剧了发达国家之间、发展中国家之间、发达国家与发展中国家在资金基础、市场资源方面的竞争，也加剧了一些国家内部的贫富矛盾，容易引发社会冲突。经过这样的分析，党中央作出了一个重要的决策：参与经济全球化，同时要坚决维护我国的主权和经济安全。概括起来，是四个字："趋利避害"。这是个大决策。实践证明，在我们参与经济全球化过程中，获得了世界市场大量的份额和我国发展所需要的资源、资金和技术。可以这样说，在经济全球化中，世界上得到好处最多的是我们中国。

在这个过程中间，我们既看到经济全球化对我们有利的一面，又看到经济全球化对我们的挑战和风险，坚持既参与经济全球化，又独立自主地建设我们的中国特色社会主义。

也就是说，我们过去30多年来的一个重要经验，就是在全面参与经济全球化的过程中，努力从国际国内形势的相互联系中把握发展方向，从国际国内条件的相互转化中用好发展机遇，从国际国内资源的优势互补中创造发展条件，从国际国内各种因素的综合作用中掌握发展全局。泉州作为改革开放的前沿，华侨大学又是对外联系如此紧密的高校，我想应该体会到国际国内两个大局的统筹、国际国内两方面因素的综合作用，这对中国的发展实在太重要了。这就使我们对中

国社会主义有了一个全新的认识,就是:我们不仅仅要立足中国实际,脚踏实地地往前走,还要在同时代进步潮流的联系中,独立自主地发展社会主义。这样的社会主义,就是中国特色社会主义。

总之,中国特色社会主义道路是在改革开放中发展中国的道路,必须在改革开放中坚持这条道路。我们应该像胡锦涛总书记的"7·23"讲话所说的那样,必须毫无动摇地走党和人民在长期实践中开辟出来的中国特色社会主义道路,不为任何风险所惧,不为任何干扰所惑。解放思想始终是推动党和人民事业发展的强大思想武器,改革开放始终是推动党和人民事业发展的强大动力,我们必须毫不动摇地推进改革开放,永不放弃,永不停止,团结一切可以团结的力量,调动一切可以调动的积极因素,信心百倍地战胜和化解前进道路中的一切困难和风险。

这里强调"党和人民在长期实践中开辟出来的中国特色社会主义道路",很重要。因为,这条道路不是哪一个人开出来让我们走的,是我们在党的领导下一起开辟出来的。我经常讲,今天我们这些搞理论工作的,无论是搞理论研究的,还是搞理论宣传、理论教学的,都存在一个问题,讲中国特色社会主义道路的开辟和坚持,讲领袖的贡献讲得多,讲党和人民共同创造的讲得少。这样宣传党的基本理论,就会把党的理论与人民群众的实践割裂开来。事实上,这30多年,我们亲身参与了改革开放这场新的革命,亲身参与了开辟中国特色社会主义道路的伟大实践。要多讲中国特色社会主义道路是我们大家包括在座的所有同志共同开辟出来的,是我们用自己的辛勤劳动和智慧才华开辟出来的。我这个话是有情感在里面的,这样才能更加珍惜我们这条道路。这次胡锦涛总书记"7·23"讲话在如何对待中国特色社会主

义道路、理论和制度的问题上，讲了12个字，叫"倍加珍惜、始终坚持、不断发展"，第一就是倍加珍惜。因此，我们必须坚持改革开放中找到的这条正确道路，坚持在改革开放中拓展这条道路。

三　中国特色社会主义道路是以现代化为目标，全面发展中国的道路

下面讲第三点体会，中国特色社会主义道路是以现代化为目标，全面发展中国的道路。

既然我们要"倍加珍惜、始终坚持、不断发展"中国特色社会主义道路，那么，什么是中国特色社会主义道路呢？长期以来，这是我们研究中的一个难题。

（一）中国特色社会主义道路是中国社会主义社会内在规律的反映

我从上海社会科学院调到中宣部理论局工作时，给我的任务是落实党的十四大提出的"用邓小平同志建设有中国特色社会主义理论武装全党"的任务。为此，就要把邓小平的著作以及他关于中国特色社会主义的论述整理出来，在系统研究的基础上为全党提供一个权威的学习辅助材料。经过努力，最后我们编写了《邓小平同志建设有中国特色社会主义理论学习纲要》，报请中央批准印发了。

在做这个工作的时候，我们碰到了许多理论难题。比如，邓小平在党的十二大提出，"走自己的道路，建设有中国特色的社会主义"。那么，什么是中国特色的社会主义道路呢？这是人们最为关心的一个

问题，也是我们在理论研究中遇到的一个难题。根据毛泽东关于中国革命道路的论述，一条正确的道路，其根据是中国的国情及其内在的社会发展规律。研究中国特色的社会主义道路，也应该遵循这样的方法论，首先要研究当代中国社会的内在规律。

邓小平说，当代中国社会的主要矛盾是人民日益增长的物质文化需要同落后的社会生产之间的矛盾。而我们都知道，对立统一规律是宇宙的根本规律，邓小平所揭示的社会主要矛盾，就是我们不能违背的客观规律。既然解决这个社会主要矛盾是要改变落后的社会生产，就要以经济建设为中心，解放和发展社会生产力。同时，落后的社会生产又不仅仅等于落后的社会生产力，还包括落后的生产方式以及与其相联系的组织管理体制等等，因此要改变落后的社会生产就要改革；而改变落后的社会生产归根到底是为了满足人民日益增长的物质文化需要，这就必须坚持社会主义和党的领导等基本原则。也就是说，党在社会主义初级阶段的基本路线提出的"一个中心、两个基本点"，是现阶段社会主要矛盾对我们党提出的客观要求。研究中国特色社会主义道路的科学内涵，也不能离开社会主要矛盾及其对我们的要求。

由于"一个中心、两个基本点"反映了社会内在客观规律的要求，也应该是中国特色社会主义道路的主要内容。这个认识，写进了《邓小平同志建设有中国特色社会主义理论学习纲要》。

（二）中国特色社会主义道路的基本内容

党的十七大对中国特色社会主义道路的内涵这个问题破了题，第一次阐述了中国特色社会主义道路是什么样的道路。十七大报告指出，中国特色社会主义道路是在中国共产党领导下，立足基本国情，坚持以经济建设为中心,坚持四项基本原则,坚持改革开放,解放和发展社会生产力,巩固和完善社会主义制度,建设社会主义市场经济、社会主义民主政治、社会主义先进文化、社会主义和谐社会,建立富强、民主、文明、和谐的社会主义国家。这一概括,反映了现阶段中国社会内在规律特别是社会主要矛盾的要求,很科学,同时又很具体、很形象。这条道路包括了五个要素。这就是:①党的领导;②立足基本国情,就是这条道路的出发点是社会主义初级阶段的中国;③"一个中心、两个基本点",这是这条道路的行进路线;④经济、政治、文化、社会"四位一体"全面推进,这是这条道路的工作布局;⑤建设一个具有富强、民主、文明、和谐四个元素的社会主义现代化国家,这是这条道路要达到的目标。你看,这条道路,从哪里出发,怎么走,怎么推进,往哪里去,都讲清楚了,很形象地把这条道路描绘出来了。

"7·23"讲话进一步论述了这条道路是什么样的道路,主要是增加了两个方面的内容:一是在工作布局上,把"四位一体"的布局拓展为"五位一体",在重申要建设社会主义市场经济、社会主义民主政治、社会主义先进文化、社会主义和谐社会的同时,增加了建设社会主义生态文明的要求;二是在奋斗目标上,在重申要建设一个富强、民主、文明、和谐的社会主义现代化国家的同时,增加了促进人的全面发展、逐步实现全体人民共同富裕的要求。增加的这些内容十分重要,体现了社会主义本质的要求,体现了我们党对中国特色社会主义道路认识的深化。

(三)中国特色社会主义道路是全面发展中国的道路

从中国特色社会主义道路的基本内容中,我们可以看到,这条道路是在改革开放中推进、以现代化为目标的全面发展中国的道路。胡锦涛总书记在"7·23"讲话中布局了五大建设,即经济、政治、文化、社会、生态文明建设,还讲了党的建设。简单地说,是"五加一",共六大建设。这里传递给我们的重要信息,是从新的历史起点出发的中国,是全面推进中国特色社会主义发展的中国。换句话说,中国特色社会主义道路是全面发展中国的道路。

第一,关于经济建设。

"7·23"讲话讲经济建设强调三个问题。

第一个问题,坚持以经济建设为中心,发展仍是解决我国所有问题的关键。这是胡锦涛总书记强调的一个非常重要的问题。在座的同志可能会觉得,这不是一直在讲的吗?是一直在讲,问题是这几年有人犯糊涂了。他们以我们党把社会建设摆在更加突出的位置为由头,提出要以社会建设为中心,否定党一贯主张的"以经济建设为中心"。我当时感到这个问题太大了,想到邓小平在1992年南方谈话里讲到基本路线要"一百年不动摇",怎么没有几年就摇来摆去了呢?去年庆祝中国共产党成立90周年,胡锦涛总书记也发表重要讲话,我在人民网上与网友对话,网友提的第一个问题就是总书记这次讲话有哪些亮点、哪些新观点,我当时回答,按照我的理解,亮点不等于新的提法、新的概念、新的观点,亮点应该是有针对性地应对哪些问题。比如,在这次讲话中,胡锦涛总书记说坚持以经济建设为中心丝毫不能动摇,这就是这次讲话的重大亮点。为什么?因为现在有人对这么一个重要的观点动摇了,话是老话,但是针对性很强,就是亮点。"7·23"讲话强调以经济建设为中心是兴国之要,发展仍是解决我国所有问题的关键,澄清了社会上那些以中央强调加强社会建设为由头,来否定以经济建设为中心的错误观念，澄清了重大是非。

第二个问题，强调在当代中国，发展是硬道理的本质要求就是坚持科学发展。这句话也很重要。因为2003年胡锦涛总书记提出科学发展观后，当时就有人开始做文章，说科学发展观好就好在纠正了邓小平那种"见物不见人"的庸俗生产力论，一下子就把胡锦涛总书记提出的科学发展观同邓小平的发展理论对立起来了。所以，当时党中央反复强调科学发展观是对邓小平理论和"三个代表"重要思想的继承和发展，既一脉相承，又与时俱进。客观上，邓小平一开始就强调，我们不仅要建设高度的物质文明，还要建设高度的精神文明，精神文明就是要培育有理想、有道德、有文化、有纪律的"四有新人"，怎么是"见物不见人"呢？我们工作中有没有这样的问题？有的。但这也正是邓小平批评过的"一手比较硬、一手比较软"的偏差。在制定"十二五"规划的时候，党中央把这个问题澄清了，明确指出坚持发展是硬道理，本质要求就是坚持科学发展观，这样既说明科学发展观和邓小平的"发展是硬道理"不是对立的，又指出了必须按照科学发展观的要求来坚持"发展是硬道理"。

第三个问题，提出要以科学发展为主题，以加快转变经济发展方式为主线。这是以胡锦涛为总书记的党中央的重大决策。"7·23"讲话要求全党进一步统一思想、提高认识，进一步执行中央关于加快转变经济发展方式等重大决策部署，把推动发展的立足点转到提高质量和效益上来，扎扎实实抓好实施创新启动发展战略，推动经济结构战略性调整，推动城乡一体化，全面提高开放型经济水平。其中，一个很重要的任务，是要着力激发各类市场主体的发展新活力，推动工业化、信息化、城镇化、农业现代化同步发展。

第二,关于政治建设。

"7·23"讲话讲政治建设,强调了四个重点问题。

第一个问题,强调改革开放以来,我们始终把政治体制改革摆在改革发展全局的重要位置,坚定不移地加以推进,取得了重大进展,成功开辟和坚持了中国特色社会主义政治发展道路。这段话,你看报纸的时候可能会一掠而过,但很重要。我再念一遍,大家可能觉得有一点味道了。为什么?它回答了一个重大问题。什么问题呢?多年来,海内外有人议论,说我们只搞经济体制改革,不搞政治体制改革。胡锦涛总书记的回答是,改革开放以来,我们始终把政治体制改革摆在重要位置,而且坚定不移地推进,取得了重大进展,已经开辟出了一条适合中国国情的民主政治发展道路。你说这是不是回答了问题?这个问题是不是一个很大的是非问题?

2006年胡锦涛总书记作为国家主席,第一次对美国进行国事访问。当时有一个部署,就是在西雅图搞了一个高层研讨会,主题是"中国的和平发展道路与中美关系"。显然,这就是胡主席访美的主题。胡主席在研讨会上发表重要讲话后,开始进行国事访问。我带着一部分专家走访美国的智库,阐述我们的内外政策和发展理念。在哈佛大学演讲时,有人提出来,你们中国经济体制改革是搞得不错,市场经济也很活跃,为什么迟迟不搞政治改革?我在回应时说:你这话有一个悖论,既然你承认我们经济体制改革是成功的,既然承认我们的市场经济是活跃的,那么试问一下,如果在一个高度集权专制的社会里,能不能容许人们自由地创业?能不能容许公民自由地选择职业?能不能容许公民自由地流动甚至自由地出入境?为什么中国公民能够享有这么多的自由和民主权利?就是因为我们经过政治体制改革,发展了民主。中国的改革是从 1978 年底的十一届三中全会开始的。这次全会是一个解放思想、发扬民主的会议。这才有中国的经济体制机制改革,才有中国市场经济的发展。为什么许多人会认为中国没有搞政治体制改革呢?这是因为中国的改革是把经济体制改革与政治体制改革结合起来推进的。中国改革开放的总设计师邓小平,是打过仗的人,既是战略家,又是策略家,他知道政治体制改革很敏感,就紧密结合着经济体制改革来部署和推进政治体制改革。举一个例子,中国的第一场改革,叫农村家庭联产承包责任制改革,我们都说它是经济体制改革,但是这个说法是有问题的,在推进家庭联产承包责任制的过程中,邓小平干了几件大事。什么大事呢?第一,废除了人民公社制度。当年,我们的大元帅彭德怀就在这里栽了跟头,这是政治体制。第二,建立了乡政权,设立了县和县人大常委会,确定了县和县以下人民代表实行直接选举制度。第三,建立了村民自治组织。这样的改革,究竟是政治体制改革还是经济体制改革?毫无疑问,都是政治体制改革,但是中国都把它归在农村经济体制改革里面。这就是邓小平的高明之处,既可以在经济体制改革中推进政治体制改革,又可以使政治体制改革通过经济体制改革让农民得到实惠。这就是邓小平——一个大战略家、大策略家的高明之处。

当时,哈佛大学的傅高义先生就跟我开玩笑,说美国人最大的悖论,还不是你说的这些。我问:最大的悖论是什么呢?他说,我们美国人说,你们只有实行美国这样的政治体制,实行两党制政治,才会强大起来,同时我们美国人又说,中国强大起来了是对美国最大的威胁,这才是我们美国人最大的悖论。当时我们大家都笑了。但是他讲的问题,确实应该引起我们重视,美国要我们实行他们那套政治体制,

到底是要我们强大,还是不要我们强大?所以,好多问题要很好地想一想。

学习胡锦涛总书记"7·23"讲话,我们应该把思想统一到总书记的讲话精神上来,认识到尽管我们的政治体制改革还做得不够,还要继续推进,但我们并不是没有进行这方面的改革,改革开放30多年来,我们始终把政治体制改革摆在改革发展全局的重要位置,坚定不移地加以推进,取得了重大进展。

第二个问题,强调推进政治体制改革必须坚持党的领导、人民当家作主、依法治国有机统一。这是在我国推进政治体制改革、发展民主政治不能忘记的根本原则。我们在政治体制改革方面取得了重要进展,并不是我们做得很好了。事实上,在政治体制改革问题上,我们遇到的困难还很大,还要加大决心继续推进。今天,我们在经济体制、文化体制、社会管理体制改革方面推进起来很吃力,障碍都在政治体制。前不久,全国政协关于社会管理创新的议题,我作了一个发言,我讲到社会管理应该在公民自治和自我服务上下功夫,许多社区的事由政府管,管不了也管不好,如果政府不改革,社会管理创新是空话。你只要仔细研究一下各个领域的改革,都要靠民主政治开路,靠政治体制改革提供保障。那么,怎么推进政治体制改革?推进的原则,就是坚持党的领导、人民当家作主、依法治国的有机统一。这是我们改革的原则,也是我们要知道的大是大非问题。

第三个问题,指出推进政治改革的任务,是发展更加广泛、更加充分的人民民主,保证人民依法实行民主选举、民主决策、民主管理、民主监督。把政治体制改革、民主政治建设的要求都提出来了。这里,我重点讲一下我们在发展选举民主和协商民主方面的任务。这30多年来，尤其是这10多年来，我们在民主政治建设方面有许多创新，十八大将要总结这方面的创新。其中之一，就是我们注意到中国特色社会主义民主的实现形式有两个：一个是选举民主，一个是协商民主。把选举民主和协商民主结合起来，就能够全面推进中国民主政治的发展。

我们知道，民主的本质是人民当家作主。事物的本质是通过一定的形式来实现的，如果本质的东西没有一定的形式，它充其量是一种可能性，可能性要变为现实性的东西，就要通过一定的形式。所以，在研究改革的时候，形式问题的研究在某种程度上，对改革的推进是至关重要的。我国经济体制改革的经验，是找到了合适的实现形式，政治体制改革同样如此，民主的实现也要有合适的形式。我们过去讲民主，一讲就是竞选制度，选举民主确实是一种很重要的形式，而且这种形式有很多优越性，比如公民都能够参与，而且很公开透明，自己行使自己一票的权利，是很好的形式，但是不是唯一的形式呢？不见得。我们曾经研究过，在人类文明史上，民主政治的实现形式有三种。①选举。选举奉行的是少数服从多数的原则。在选举时，每个人都可以公开地行使自己的权利。但是投完票后，怎么计票？少数服从多数。这是选举民主的特点。②协商。协商奉行的是对话和共识原则。不同的利益主体都可以行使自己的权利，进行对话协商，各方形成共识。然后，这个共识就成为所有人权利实现的保障。③谈判。在选举票数相持不下、协商形成不了共识的情况下，还有一个办法就是谈判。谈判奉行的是利益分割原则。上次德国大选，默克尔和她的对手到最后票数相差不多，就进行谈判，谈判的时候，政府里面的外交部、国防部等等，这个归你们这个党，那个归他们这个党，这叫做利益分割原则。"少数服从多数""对话—共识""利益分割"，都是民主的实现形式。中国的民主政治实行什么形式,改革开放30多年来我们一直在探索这个问题。1991年,江泽民提出我们的社会主义民主有投票和协商两种形式。2006年,在胡锦涛总书记领导下,把这两种民主的实现形式写进了中共中央5号文件。后来,正式把这两种民主形式称为"选举民主"和"协商民主"。从中我们可以体会到,"7·23"讲话强调"发展更加广泛、更加充分的人民民主",是有具体内容的。

第四个问题,强调要更加注重法制在国家社会治理中的重要作用。"7·23"讲话强调,要维护国家法制的统一、尊严、权威,保障社会公平正义。现代民主都是通过法制来规范和保障的,民主要制度化、法律化,这是一个非常重要的问题。

第三,关于文化建设。

"7·23"讲话讲文化建设,讲了两个重要问题。

第一个问题,指出我们之所以建设文化强国,是积极回应人民群众的文化需求。因为,我们自改革开放以来,在精神文明建设上曾经有过一段时间不重视思想文化建设的失误。党的十三届四中全会以后,我们按照"两手抓、两手硬"的方针,加强了这方面的建设,取得了明显的成绩和进步。现在,人民群众的精神文化需求又出现新的诉求,我们要积极回应人民群众在文化领域的新需求,推进社会主义文化大发展大繁荣,建设社会主义文化强国。

第二个问题,强调要坚持中国特色社会主义文化发展道路。党的十七大报告在论述中国特色社会主义道路的时候,不仅揭示了这条道路的内涵,而且指出在总道路下还有好多具体道路,包括中国特色自主创新道路、中国特色新型工业化道路、中国特色农业现代化道路、中国特色城镇化道路、中国特色社会主义政治发展道路等等。但当时还没有提中国特色社会主义文化发展道路。2011年党的十七届六中全会第一次提到中国特色社会主义文化发展道路,这是一个很重要的命题。

全会以后,我看了好多文章,好像都没有讲清楚什么是中国特色社会主义文化发展道路。胡锦涛总书记"7·23"讲话基本上把这条道路的内涵讲清楚了。他指出,我们坚定不移地走中国特色社会主义文化发展道路,坚持为人民服务、为社会主义服务的方向,坚持百花齐放、百家争鸣的方针,坚持贴近实际、贴近生活、贴近群众的原则,推动社会主义精神文明和物质文明全面发展,形成面向现代化、面向世界、面向未来的,民族的、科学的、大众的社会主义文化。这一论断,我们只要琢磨一下,就可以发现它反映了中国社会主义文化的发展规律,阐述了中国特色社会主义发展道路的科学内涵。

第四,关于社会建设。

"7·23"讲话讲社会建设,讲了三个重要问题。

第一个问题,强调社会建设要以民生为重点。党的十六大以来,我们从实际出发,提出要构建社会主义和谐社会。这里面有一个问题,就是和谐社会建设究竟以什么为重点?许多学者强调要以公平正义为重点。社会主义是公平正义的社会,把这个问题提上议事日程,肯定是对的。但是,公平正义是一个价值观的东西,是很抽象的。什么叫公平?什么叫正义?这个阶段的公平正义和那个阶段的公平正义是不是一回事?共产主义的公平正义和社会主义的公平正义是不是一回事?好多问题是要深究的,不然的话,谁都可以说不公平,谁都可以说公平。我们今天处在社会主义初级阶段,要实现的公平正义也还是低水平的。为了更好地解决这个问题,从十七大开始,中央在推进和谐社

会建设的过程中,强调要以民生为重点来推进社会建设。这次"7·23"讲话讲社会建设,明确提出要以民生为重点来推进社会建设。

第二个问题,强调在经济发展的基础上逐步提高人民群众的物质文化生活水平,是改革开放和社会主义现代化建设的根本目的。这里有一个重要精神,就是要以经济发展为基础来改善民生。这是针对有些地方、有些部门,超越经济发展许可的范围,离开经济基础来谈社会公平正义,这实际上是没有办法做到的。

第三个问题,强调改革开放以来,特别是近几年以来,我们在改善民生方面,虽然在努力,但是远远还未满足老百姓的要求,我们要继续加强工作,解决好人民群众最关心、最直接、最现实的利益问题,让大家过上富裕幸福的好生活。

第五,关于生态文明建设。

"7·23"讲话讲生态文明建设,有一个特点,既是把它作为同经济建设、政治建设、文化建设、社会建设相并列的一个重要方面提出来,又把它同经济建设、政治建设、文化建设、社会建设联系起来,并通过这些方面的共同努力来推进的一项重要任务。这是因为,生态文明建设既和物质文明相衔接,又和社会建设有关系,所以要从生产方式、生活方式的根本变革中去研究这个问题,而且贯穿在我们的经济、政治、文化、社会建设的全过程。与此同时,明确提出推进生态文明建设,要坚持节约资源和保护环境的基本国策,着力推进绿色发展、循环发展、低碳发展,还要推进有利于生态文明建设的制度创新。

(四)全面推进党的建设

党的建设是我们事业发展的根本保证。为了全面推进经济、政治、文化、社会和生态文明建设，我们必须全面推进党的建设。在这个问题上，胡锦涛总书记强调了三个问题。

第一个问题，改革开放以来，我们紧紧围绕中国特色社会主义伟大事业，全面推进党的建设，取得了明显成效。现在环境变了，加上党员干部队伍、机构的变化，我们面临的挑战前所未有。

第二个问题，强调要有紧迫感、责任感，坚持党要管党、从严治党，"五位一体"全面推进党的建设。这里面有一个细微的调整，党的建设，我们最初是思想建设、组织建设、作风建设三位一体的布局；改革开放后增加了制度建设，形成了思想建设、组织建设、作风建设、制度建设四位一体的布局；十七大又增加了反腐倡廉建设，形成了思想建设、组织建设、作风建设、制度建设、反腐倡廉建设五位一体的布局；"7·23"讲话仍然是五位一体的总体布局，但是有一个细微的调整，反腐倡廉建设摆到第四位，制度建设摆到第五位。我认为是一个很好的修改，既突出了反腐倡廉建设，又强调了制度建设。

第三个问题，部署了现阶段党建的任务。"7·23"讲话提出了六项任务：①坚定理想信念；②保持党和人民群众的血肉联系；③积极发扬党内民主；④深化干部制度改革；⑤夯实党执政的组织基础；⑥坚定不移地反腐败。

总之，中国社会主义道路是以现代化为目标的全面发展中国的道路。

四 在科学发展观指导下拓展中国特色社会主义道路

下面讲第四点体会，坚持在科学发展观指导下拓展中国特色社会主义道路。

中国特色社会主义道路研究——学习胡锦涛总书记"7·23"讲话的体会

这个题目必须讲，为什么呢？胡锦涛总书记讲话里有一段话很重要，我念一下。他说："我们之所以能取得这样的历史性成就和进步，最重要的就是坚持以马克思列宁主义、毛泽东思想、邓小平理论、'三个代表'重要思想为指导，勇于推进实践基础上的理论创新，形成和贯彻了科学发展观，为全面建设小康社会、加快推进社会主义现代化提供了有力的理论指导。"

这段话很重要，我单独拿出来讲，为什么？这里对科学发展观有一个定性，叫"理论指导"。十七大的时候，对科学发展观的定性是两点，一个叫"重大战略思想"，另一个叫"重要指导方针"。十七大之前有一个胡锦涛总书记的"6·25"讲话，在那个讲话里，总书记说党内好多同志在讨论十七大报告和修改党章时，提出要把科学发展观作为党的指导思想写进党章，中央认真研究了这个意见，认为科学发展观提出时间不久，还要再继续丰富和发展，十七大不把它作为指导思想提出来。所以，十七大只是把科学发展观纳入中国特色社会主义理论体系，而没有把科学发展观作为指导思想提出来。这次明确了，明确什么了？我刚才念的话，就是明确肯定它是一个"理论指导"。

后面，胡锦涛总书记还有一段话，指出深入贯彻落实科学发展观仍然是一项长期的艰巨任务，面临一系列极具挑战性的矛盾和困难，我们必须以更加坚定的决心、更加有力的举措、更加完善的制度来贯彻落实科学发展观，真正把科学发展观转化为推动经济社会又好又快发展的强大力量。也就是说，科学发展观对我们坚持和发展中国特色社会主义具有长期的理论指导意义。是不是可以说，这里实际上告诉我们，党的十八大将把它作为指导思想提出来。

"7·23"讲话为什么要把科学发展观作为"理论指导"，强调其理论指导意义呢？

第一，科学发展观是马克思主义同当代中国实际和时代特征相结合的产物，是马克思主义关于发展的世界观和方法论的集中体现。马克思、恩格斯关于发展问题有很多思想，科学发展观是在马克思主义关于发展的世界观和方法论指导下形成的，同时又吸收和借鉴了20世纪六七十年代以来人类关于发展的一些理念。一个是源头，来自马克思主义；一个是吸收时代的新思想，包括可持续发展、绿色经济、循环经济等思想。在邓小平那里，就已经注意吸收20世纪六七十年代的发展经济学、发展社会学、发展政治学等发展新理念，这些理论是关于民族独立国家怎样转型为现代化国家的发展理论。邓小平说"发展是硬道理"，实际上强调的是对于中国来说实现现代化是硬道理。胡锦涛总书记提出的科学发展观在继承邓小平这个思路的基础上，把坚持马克思主义关于发展的世界观和方法论，同吸收借鉴现时代人类文明的发展理论结合起来，提出了一系列适合中国发展的科学思想。因此，我认为它作为长期的指导思想是能够成立的。

第二，科学发展观作为中国特色社会主义理论体系的重要组成部分，对于实现国家繁荣富强和人民共同富裕这一历史性任务，具有重要的理论指导意义。我们为什么搞中国特色社会主义？为什么中国特色社会主义会成为马克思主义中国化的成果呢？因为，近代以来中华民族面临两大历史性课题，一个是求得民族独立和人民解放，一个是实现国家繁荣富强和人民共同富裕。前一个课题，由毛主席解决了，所以毛主席很伟大；后一个课题，毛主席也想解决，最后没能解决，改革开放给破题了，现在正在解决中。所以，今天我们各项工作要解决的历史性课题，就是国家繁荣富强、人民共同富裕。课题是这个，但是在各个阶段，解决中国课题有不同的角度。比如邓小平，他是在"文化大革命"后的中国来破这个题的，首先要解决的是被"文化大革命"搞得最乱的社会主义问题，他为了实现国家繁荣富强和人民共同富裕，提出先要搞清楚什么是社会主义、怎样建设社会主义。他指出，社会主义的根本任务是发展生产力；社会主义的本质是解放生产力，发展生产力，消灭剥削，消除两极分化，最终达到共同富裕；社会主义初级阶段的中心任务是经济建设；等等。从社会主义破题讲发展，为实现国家繁荣富强和人民共同富裕制定正确的路线，这是邓小平所做的。世纪之交，国内外政治风波，苏东剧变，把执政党建设的问题凸显出来了。江泽民就从党建问题破题，提出党的建设要始终围绕党的中心任务，强调发展是执政党的第一要务，等等。他从执政党建设破题，强调的仍然是发展，解决的仍然是怎样实现国家繁荣富强和人民共同富裕问题。进入21世纪以后，党已经形成了关于社会主义和执政党建设的新理念，在中国的现实背景条件下，胡锦涛总书记直接从发展破题，提出要解决中国实行什么样的发展、怎样发展这一大问题，由此形成了以人为本、全面协调可持续发展的科学发展观。回顾这一历史进程，既可以看到科学发展观是同邓小平理论和"三个代表"重要思想一脉相承的，又可以认识到这一理论的独特意义。它是直面国家繁荣富强和人民共同富裕这一历史性课题提出的一个理论，把它作为我们长期的指导思想是能够成立的。

第三，科学发展观在过去的十年经历了实践的检验。这十年来，科学发展观经历了一系列的考验，"非典"的考验、汶川特大地震的考验，这些是来自自然的考验；又经历了各种群体性事件，特别是像西藏、新疆等严重事件的考验，这些是来自社会的考验；在经历国内考验的同时,还经历了国际金融危机的考验,这场金融危机是20世纪30年代经济大萧条以来最严重的一次危机。这次危机,是世界上所有国家共同面临的大考,中国考出了个好成绩,因为我们有中国特色社会主义制度保障,因为我们有科学发展观指导,实践检验了这个理论。所以,我们完全应该把它作为长期的指导思想确立起来。

五 坚持和拓展中国特色社会主义道路,为全面建成小康社会而奋斗

下面讲第五点体会:坚定信心,坚持和拓展中国特色社会主义道路,抓住21世纪第二个十年这一重要战略机遇期,如期实现全面建成小康社会目标。

这个问题在"7·23"讲话中是放在前面的,我放在最后讲,为什么呢?道路问题也好,科学发展观也好,最后落实到我们的工作,就是怎么认识机遇和挑战,怎么把握好稳中求进的总基调,完成我们肩负的全面建成小康社会的历史任务。

(一)坚持和拓展中国特色社会主义道路必须正确认识机遇和挑战

"7·23"讲话明确提出,当前的国内外形势,对于我们中国来讲,既是前所未有的机遇,也是前所未有的挑战,但总的来说,我国发展仍处于可以大有作为的战略机遇期。牢牢把握机遇,成功应对挑战,关键取决于我们的思想认识,取决于我们的工作力度,取决于我们推进改革发展的程度。

这一段话很重要,这里提出的问题,就是怎么看机遇和挑战。党的十六大提出,要紧紧抓住21世纪头20年这一重要战略机遇期。现在遇到的问题是,21世纪第二个十年已经到来,这个战略机遇期还有没有?有人认为国际形势发生那么大的变化,周边环境发生那么大的变化,战略机遇期早就结束了,提前结束了。胡锦涛总书记的"7·23"讲话告诉我们:尽管挑战前所未有,但同机遇相比,机遇依然大于挑战。

这个结论是怎么得出的?第一,十六大提出20年战略机遇期的那些基本条件变了没有?比如和平与发展的时代主题、新科技革命、经济全球化等等,这些都没有变,这些条件决定机遇是存在的。第二,不变中有变。比如由美国次贷危机引发的国际金融危机给我们造成了很大困难,美国高调重反亚太并在我们周边制造了不少麻烦和压力,等等。这些都是十六大时没有的,是很大的变化,其中不少是对我们的严重挑战。但我们注意到在这些变化中,也出现了许多过去我们想不到的事情。比如在应对国际危机中形成的G20,取代了西方发达国家的G8,中国和一些新兴市场国家从世界的边缘进入世界中心舞台,并有了过去没有的全球治理的话语权;比如我们与美国等西方发达国家之间在经济贸易活动中已经形成了"你中有我、我中有你"的新局面;等等。所以在这些变化中有挑战,也有机遇,机遇大于挑战。第三,挑战与机遇往往是辩证统一的,可以相互转化的。我们近年来在经济发展中遇到的很多问题,是由我国经济发展的周期性、结构性调整造成的。这些问题的出现,与其说是对我们的挑战,不如说是提醒我们到了新一轮发展的门口,在这样的挑战背后就是我们创新、突破、发展的机遇。第四,我们在提出科学发展观的时候,已经注意到原来的经济发展方式是难以持续的,早就提出了要转变经济发展方式的问题,但是由于种种原因，许多问题一直拖延着，没有很好地解决，所以在国际金融危机降临到我们头上的时候，胡锦涛总书记认为可以把这一危机转化为加快转变经济发展方式的"倒逼机制"，使之成为我们在科学发展道路上开始新一轮发展的机遇。

因此，总的来说，我国发展仍处于可以大有作为的战略机遇期。也正如胡锦涛总书记所说的，牢牢把握机遇，成功应对挑战，关键取决于我们的思想认识，取决于我们的工作力度，取决于我们推进改革发展的程度。

（二）坚持和拓展中国特色社会主义道路必须树立信心，积极应对各项挑战

我们在任何时候，面对各种挑战，都要建立起我们的信心。什么叫信心？我认为，信心，首先就是一种底气，能够正确认识自己，并能够正视自己问题的底气；其次，信心是一种素质，是碰到矛盾问题不急躁、不暴躁、不浮躁的良好素质；再次，信心是一种精神状态，是对人生达观，对前途乐观，对未来充满希望的精神状态；最后，信心是一种能力，是能够驾驭复杂局面，并能够取得成功的能力。归根到底，信心就是攻坚克难，取得事业成功的必要条件和动力。我们现在遇到的困难和挑战确实比较复杂，最重要的是要有信心。只有建立了信心，才能够攻坚克难，把握好战略机遇期。

与此同时，要在稳中求进中做好改革发展的每项工作。稳中求进，"稳"和"进"是辩证的，"稳"是"进"的一个条件，"稳"不是目的，"进"才是目的，"稳"是为了"进"。如果稳而不进，势必倒退落后；进而不稳，也会出问题，所以一定要认真处理好这个关系。这

中国特色社会主义道路研究——学习胡锦涛总书记"7·23"讲话的体会

里的关键,是要改革。改革,是连接"稳"和"进"的桥梁。我经常和朋友说,中国的老百姓是非常好的,他们有牢骚、有怨言、有抱怨,但是这些牢骚,并非是要反对我们,而仅仅是在表达一种期待、一种诉求。我们作为领导人,应该让老百姓看到这种诉求能解决。所以,要改革,要通过改革解决问题。邓小平强调选领导人要选有改革开放形象的。为什么?因为改革开放意味着能够给老百姓提供希望。这个希望是什么呢?就是解决这些问题的希望。如果不举起改革发展的旗帜,以为"稳"就能解决问题,老百姓根本没希望,所以一定要坚持稳中求进的总基调,处理好"稳"和"进"的关系。

习近平同志说,胡锦涛总书记的这个讲话科学分析了当前我国面临的新任务,深刻阐述了事关党和国家全局的若干重大问题,深刻回答了党和国家未来发展的一系列理论和实践问题,对进一步统一党的高级干部的思想认识具有十分重要的指导意义,我们一定要好好学习这个讲话,深刻领会这个讲话,做好当今的工作,以优异的成绩迎接十八大的召开。这段话讲得非常好,我也以这段话作为今天演讲的结束语。

[互动问答]

对中国的协商民主和选举民主形成的具体机制的看法。中国的选举民主和其他国家的选举民主相比,是协商在前,还是选举在前?这两者哪个更重要?有关协商民主与选举民主、多党合作和政治协商立法是否可行?人大代表的候选人是如何酝酿协商的?

听众：

李教授您好！机会相当难得，我有三个问题，还有一个疑问，想请教。刚刚李老师通过中央几个文件，对中国民主政治发展的协商民主和选举民主形式作了一些探讨，我想问您对中国的协商民主和选举民主形成的具体机制有什么详尽的见解，这是第一个问题。第二个，我们知道西方的协商民主理论是在试图弥补他们选举民主中的不足而产生的，也就是说从这方面来讲，西方的协商民主和选举民主走的是一条先选举后协商或者先选举后妥协的形式，您认为中国的选举民主和其他国家的选举民主相比，是协商在前，还是选举在前？这两者哪个更重要？第三个，对于多党合作及政协这一方面的问题，对于多党合作和政治协商，这些规定大多出自中央的一些文件，并没有相关的法律规定，在这方面进行立法是否具有可行性？如果具有可行性，哪些问题会首先考虑到？最后一个疑问，在选举法中可能有这么一句话，就是说，人大代表的候选人要经过充分的酝酿协商后产生，我的疑问是，这个充分酝酿协商是如何进行的？这是我的三个问题和一个疑问，谢谢李老师解答。

李君如：

这个问题大概是冲着我是政协委员这一条提出来的，我们政协主席可能很高兴，政协主席最希望有人帮着政协说话。你注意到这一点，我很高兴。因为好多人都知道，这几年，我很注意对协商民主的研究，推进这件事情，能把它做成功，现在做到这个程度，就我本人来讲，作为学者来讲，我感到有一种满足感。我希望十八大以后，这个问题能够进一步推进。

选举民主和协商民主是两种民主的实现形式，既然是形式，它能够体现事物的内容及其本质；但是另一方面，形式也可能会离开内容

中国特色社会主义道路研究——学习胡锦涛总书记"7·23"讲话的体会

和本质,这是要紧的。关于两种民主形式的形成机制,从中国社会、东方社会和西方社会民主历史渊源考察,恰恰是不一样的。摩尔根的《古代社会》研究了原始社会、原始社会解体到国家的形成过程,马克思、恩格斯很重视摩尔根的研究成果,恩格斯写了一部书《家庭、私有制和国家的起源》,大量引用了摩尔根的《古代社会》研究成果。这里面讲到雅典的城邦,那里实行的民主就是选举制的民主形式,每个雅典公民都可以参加人民大会并享有投票权,由每个部落选出的代表组成议事会来管理国家。这是原始社会解体过程中一种典型的民主形式。

中国古代社会,在夏、商、周以前,尧、舜、禹时期也就是原始社会后期,领导人产生的方式是禅让制。禅让制是什么呢?你去看《尚书》的尧典和舜典,那里讲到当时的大事是由各个部落的领袖进行协商,其中讲到人事问题也是如此,大家先推举中意的人选,经过广泛讨论,包括对各个人选的能力、品行进行评论,最后形成共识,很有意思。这也可以说是一种民主形式,是协商式的民主形式,但显然同雅典的民主形式不一样。所以从人类社会民主形式形成的历史来考察,东西方出现了两种不同的民主形式。政治制度的形成,往往是有历史渊源的,各个国家都有自己的历史文化传统。在东方,协商民主比选举民主的历史悠久;在西方,选举民主比协商民主历史悠久。

当然,这两种民主形式在历史发展进程中都出现过问题。西方的选举民主,最大的问题是难以防止像希特勒这样的人通过选举上台。所以,第二次世界大战后,丘吉尔说了一句名言:"民主是一个坏东西,但是我们现在找不到比它更好的东西。"战后,西方在努力规范选举民主,有了很大进步。东方的协商民主,也有局限性,从夏、商、周到西汉,协商最后变成君主主持的朝廷内部的协商,变成中国几千年专制集权制度的庭议制度，成为维护专制的工具。我们这样研究问题，是要说明任何一种民主形式都有自己的特点，包括问题，搞得不好，都会走向反面。我们这几年的探索，有一个重要的进步，这就是我们认识到社会主义民主可以有两种形式，这两种形式都要在法律范围之内进行探索、规范。2006年，中央5号文件出来以后，明确党委在作重大决策之前必须先进行协商，这就是一个进步。江西省第一个带头，作了一个决定，强调在决策之前没有经过民主协商的，省委一律不受理。后来广东省又搞了一个文件，公布了协商的程序和规则。这解决了我最担心的协商变成少数人幕后操作的工具这个问题。

需要指出的是，协商民主除了政协这一重要渠道外，基层的协商民主也很重要。这几年，我们在这方面也积累了许多经验。像浙江台州温岭镇是最早搞协商民主的，他们叫"民主恳谈会"。他们那里在党委和政府作重大决策之前都要经过协商。我举一个例子，前几年，本来政府准备搞几所希望小学，因为好多留守儿童上学不方便，但是有一个程序机制，必须经过协商。它有一个老百姓的恳谈会，协商之后，一堆老百姓说好，一堆人反对，最后结论是不建为好，因为大部分孩子跟着父母到城里上学去了，留下来的孩子与其建学校解决他们的上学问题，不如政府出钱，让他们去寄宿制学校上学，最后形成的是这样的协商结果，政府就执行不建希望小学的决定。十八大以后，我相信，选举民主特别是直接选举要逐步拓展，协商民主也要在透明性、公开性方面，在制度化、程序化方面进行探索。所以你讲的机制问题很重要，实在太重要了。我希望，如果你想自己研究这个问题，可以就这两种民主形式的来龙去脉，以及它们怎样机制化、程序化，作一些探索。

第二个问题,关于选举民主、协商民主的先后问题,我认为这里没有一定之规。而且,我们用"选举民主""协商民主"这样的概念,也仅仅是借用的西方学术用语。其实,正如我前面已经讲的,东方先有协商民主,后有选举民主;西方是先有选举民主,后有协商民主。这是历史造成的。西方提出协商民主,是因为选举民主出问题,特别是近几年来,公民对于选举的热情越来越低。问题出在哪里呢?选举民主实行的是少数服从多数的原则,是以牺牲49%以下人的利益来实现51%以上人的利益,而51%以上的人选出来的领导人,并不等于最后能够代表大家的利益。久而久之,许多人感到没有意思,参选的人越来越少。而且,好多问题诸如领导人道德问题是选举解决不了的,社会风气问题选举解决不了。这样,就有一些批判主义的思想家提出,光靠选举不能解决西方的社会治理问题,还要让公民通过对话直接参与公共政策的决策,他们把这种公民对话式的民主称为协商民主,我们借用这个概念,主要是为了提倡公民参与和对话协商。我们社会主义民主是最广泛的民主,这种形式能够更好地体现社会主义民主的本质要求。

当然,有一点是需要说明的,在西方,协商民主到目前为止,还只是一个专家学者热衷于讨论的理论,而我们已经有长期的实践经验,包括已经有一套可操作的制度,在这个问题上,是我们优于他们。

至于选举民主和协商民主谁先谁后,谁更重要,我认为这不是问题,关键是看怎么能解决问题,怎么使中国的民主制度能更加完善。现在的问题是,我们应该怎样把选举民主与协商民主的关系处理好,我们应该怎样把协商民主制度化。这需要在十八大后进行更加深入的探索。

第三个问题,多党合作和政治协商的法律化,我们已经把中国共产党领导的多党合作和政治协商确立为我国的基本政治制度，并且已经写进了宪法。但是，总的来讲，协商民主的制度化、法律化，还很不够。这需要我们在十八大后在党中央的部署下，以积极的态度去解决。从全国政协来讲，这几年政协已经成为协商民主的重要平台。"平台"是什么意思？就是政协把自己作为广大政协委员和非政协委员的公民同党和政府部门进行对话协商的一个场所。比如，全国政协去年关于文化问题的专题协商，今年关于社会管理的专题协商，由全国政协出面，一方面组织政协委员和非政协委员的专家学者参加对话，另一方面邀请党政部门领导来协商，政协成为双方对话协商的一个平台。有的地方政协还就政府部门的表现发问卷调查，向老百姓征求意见，或者政协到老百姓中开座谈会，把这些群众的意见汇总起来提供给党委政府，告诉他们老百姓对你有什么意见，对你肯定了哪几条，批评有哪几条，建议有哪几条。我认为，政协这样做工作，是协商民主很重要的发展，今后不仅要加强这方面的探索，还要像你所说的那样，要有制度和法律来规范和保障。总之，政协是一个好东西，我们要好好研究政协，好好研究协商民主。

至于你讲的疑虑的问题，由于时间没有了，不能再讲了。我想这个问题，我们可以一起来探索。中国要解疑的问题太多太多了，我想能够这样思考非常好。今天，我重点谈的是协商民主，因为这是新事物，就多说几句。

汤锦台简介

汤锦台 台湾苗栗人，1945年生，毕业于台湾中国文化大学。20世纪60年代后期赴美留学。1971年起在美国参与推动海外华人两岸关系事务及台湾问题研究，1973年进入联合国任中文翻译，2005年退休。

1973年、1975年作为两岸对峙期间最早进入大陆访问的台湾知识分子之一，两度参与在美台湾留学生团到大陆访问，并访问泉州、厦门等地，曾透过适当渠道向周恩来总理提出在厦门大学开设台湾研究机构的建议。在两次访问期间，曾先后随团受到周恩来总理与邓小平副总理接见。

曾参与海外留学生运动，并长期呼吁重视两岸民间沟通，尤其是对台湾人的沟通。2000年起潜心研究台湾早期历史与中西海上交流史，并推动闽南与客家文化研究，著有《大航海时代的台湾》（获评2000年度台湾十大好书）、《开启台湾第一人郑芝龙》、《闽南人的海上世纪》、《千年客家》等书，从全球视野论述台湾历史与闽南和客家文化，努力推动台湾社会建立正确的台湾史观。

曾多次到大陆（特别是厦门、泉州等闽南地区）参加学术研讨会，发表多篇学术论文，其对两岸关系、中美关系及开展文化学术交流的意见多次被全国政协、福建政协刊载，送达中央领导层参考，是闻名两岸的闽南文化研究学者。

现居美国纽约，主持"纽约两岸历史文化研究室"研究工作。

全球视野下的闽南文化

汤锦台　　2012年10月23日

一　我与闽南的情结

（一）初到闽南时的印象

下面我就介绍我个人到泉州的经历。1973年夏天我第一次从美国到大陆，当时两岸还没有开放，所以我只能从美国过来，从进入北京参加一些活动开始，然后南下到上海、杭州，再到福州。接下来是长途汽车,相当辛苦,不像现在那么方便,一路上道路不平,相当颠簸,就这样来到了久已向往的台湾闽南人的故乡——泉州和厦门。

当时对泉州的第一印象是城市很小,街道狭窄,店铺都上着木板门,晚上灯光昏昏暗暗的,有一种说不出来的古老感觉,但又相当的亲切。为什么亲切呢?因为在古老的感觉和阴暗当中,又有一种隐约的历史的情怀。我自己的祖籍在广东蕉岭县,我是客家人,祖先在200多年前从那边搬迁到台湾去,所以我对福建应当说没有那一种特殊的情感。但是我小时候知道,在甲午战争后台湾被割让给日本时,我的祖父为了逃避日军侵入台湾,带着全家到了厦门,想在厦门找个教书的职务,可是当时中国实在太贫穷落后了,我的祖母到鼓浪屿山上捡柴,看到当地也在捡柴的妇女,穷得连裤子都没有,光着下身,可想当时的旧中国苦难到什么程度。特别是从台湾过来的,从没看过这样的景象,实在觉得没法在祖国大陆待下去了,所以我祖父不得不又带着一家老小回到了台湾。但是这一经历总是让我感到跟福建有一丝历史的联系存在。所以到了泉州、厦门以后,一种回归历史的情怀很自然地把我拉回到这片土地上,也激发了我日后研究闽南历史文化的学术兴趣。

(二)我对闽南文化的研究

回到美国以后,我开始在纽约联合国总部上班,一上就是31年。到后半期的时候,总觉得这一段历史好像跟我割舍不掉,所以我就开始做一些研究。在纽约研究有一个有利的条件,就是取得原始史料比较容易,尤其是16、17世纪大航海时代的外文史料很多,这对我研究当时的历史背景非常有帮助，所以我利用这些研究资料，自己摸索出了一条研究的道路。我的研究并不是按人们习惯的从本国内部开始，而是先从外部去挖掘探索。为什么西洋人要到中国的海岸来？为什么闽南人会变成第一批跟西洋人打交道的中国人？他们是以什么方式在什么地方与西洋人开始海上接触的？

我们过去研究中国历史，我在台湾所受过的教育，好像都没有提过这样的一段历史，但这段历史对中国近代的发展来说，确实非常重要。所以我就决定从这些方面开始着手，结果越摸索越有兴趣，探索出了当时的历史场景与中西接触的时代背景。不管是日本的倭寇，或者是中国自己的海盗，还是荷兰人、西班牙人、葡萄牙人等等，都挤到中国东南海岸来，他们到底做了些什么事情？给中国历史带来什么样的影响？这些探索的成果，就是我在十年的时间里先后出版的四本相关著作。

第一本就是《大航海时代的台湾》。这本书探索了台湾为什么成为汉人社会，到底台湾系统地成为中国人的社会是从什么时候开始的，台湾是怎样进入近代世界的视野的，台湾是怎样在中西海上的交流互动中形成其历史格局的。

第二本书谈的就是大家所熟悉的泉州郑氏家族的故事，而当中最重要的人物，首先当然是郑芝龙。为什么要研究郑芝龙呢？因为他当时是掌握中国海权与西洋人对抗的重要人物，虽然他后来投降了清朝，很多人把它当成历史的罪人，可是我觉得他在历史上的功劳很大。因为他是第一个在台湾海峡打败西洋人的英雄，所以我觉得有必要为他洗刷一些罪行，所以第二本书写的就是他的传记。

写完了郑芝龙，接下来我觉得应该系统阐述曾经执掌中国海上贸易数百年、与西洋人最早从海上接触的闽南人了,所以就写下了《闽南人的海上世纪》一书。最后,我本身是客家人,闽南地区也是客家人发展的摇篮地,客家人与闽南人有深厚的渊源,所以我也花上五六年的时间写了《千年客家》这本书。几本书写完,基本也就把开发台湾的最重要人群及相关历史,即闽南人和客家人的来龙去脉、遗迹,他们开发台湾的缘由,比较完整地论述了。

这两三年,我主要还是继续深入研究海洋与闽南文化。上面提到的几本书出版了以后,在台湾和大陆,慢慢引起学术界和社会上对闽南人与闽南文化的研究兴趣。今年4月,在台湾台南成功大学召开第一届全球闽南文化研讨会的时候,遇见了泉州市委宣传部陈庆宗部长,谈得很高兴,他说下次轮到在泉州开这个会,让我来跟大家作一些报告。他托我在泉州交往多年的好友王伟明兄居间安排,经过他的奔波联系,今天我终于走上了这个神圣的学术讲坛。我觉得非常荣幸,感到还是跟泉州非常有缘,有了这些年的辛勤付出,才能够让我走上这个讲堂,这是对我的肯定跟支持,所以我很感谢帮助我的人,把我推上这个讲堂的人,我也希望今天晚上能够把我所学的贡献给各位。今天我要讲的题目是"全球视野下的闽南文化",我是从全球的观点阐述,到底什么是闽南文化,以及闽南人对世界到底作出了哪些贡献。

先用PPT给大家演示,从展示图片所显示的历史发展进程,说明闽南人跟海洋文化的结合和往海外发展的道路,最后我再提一下闽南文化对世界的影响,还有现在世界到底应该怎样重新认识闽南文化。下面就进入我今天所要讲的正题。

我的题目是"全球视野下的闽南文化"。

二 闽南人与海洋的结合之路

首先从地图上给大家介绍（见图1），这里（泉州与漳州）是闽南文化的源头，从整个地球看是很小的地方，但是对全世界的历史影响却很大。先谈从宋、元到明朝前期的发展。从南宋定都临安（杭州）开始，闽南变成全中国海洋贸易的中心之一。南宋朝廷为了发展经济，大力推动海上贸易，泉州成为海洋重镇，进入了开始发展远洋贸易的时期。到了明朝前期，从泉州出发的船只所覆盖的海域，除了东南亚之外，已向西更进一步远航到阿拉伯半岛，甚至一直到非洲的北部。也就是说，从宋朝到明朝前期，到郑和下西洋为止，大家从这张图中可以看出来（见图2），这一时期，从泉州出发的海上贸易船只，其航船经过的海域涵盖了东海、南海、印度洋三大海域，这是一个很大的范围，对当时的中国来说，是史无前例的。

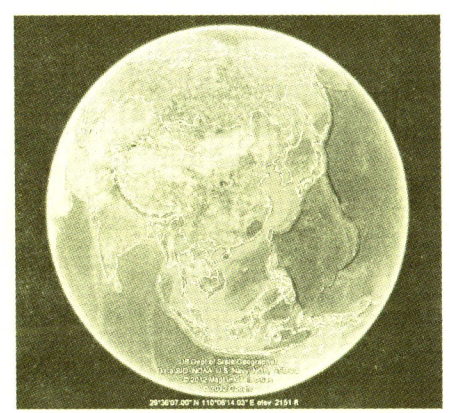
图1 闽南文化的源头泉州与漳州示意图

图2 宋明时期泉州海上贸易航海海域示意图

(一) 闽南人早期的海上活动

从下一张图片可以看到（见图3），明朝前期，从永乐皇帝（1405年）开始，到永乐皇帝过世，至宣德八年，郑和的船队七下西洋，从东南海岸出发，进入南海海域，然后绕经马来半岛西南方的马六甲，以此为进入印度洋的转运站。由此开始，往北经安达曼群岛，可以前往孟加拉国，或者从尼科巴群岛南部海道往西，经锡兰岛，继续转入印度西海岸，再往阿拉伯半岛方向前进。但不论是沿着哪一条航线，这些航线事实上都是闽南人船只所走过的路线，在郑和船队出访之前，闽南人早已是印度洋周边各国和阿拉伯半岛两侧海岸港口的经常访客。

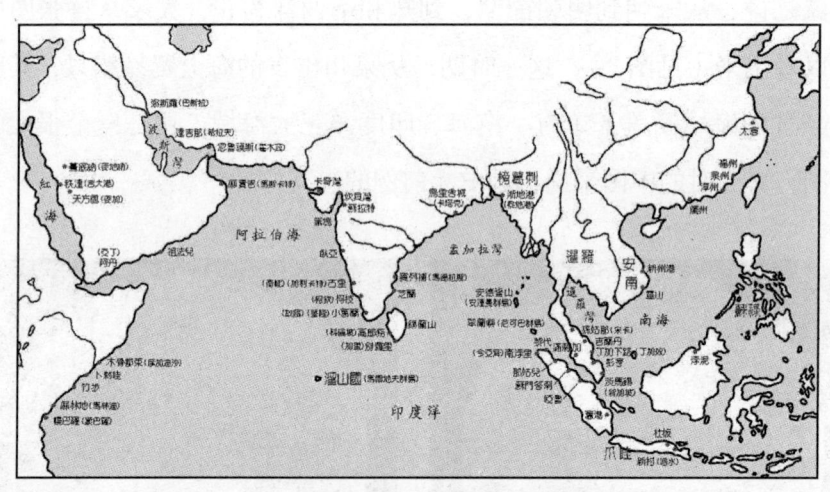

图3 郑和船队停靠地点示意图

但是到郑和去世后，明朝船队下西洋的壮举结束，世界进入了16世纪欧洲人开始东来的时期，全球的航海格局完全改观。以1510年葡萄牙人占领印度西海岸的果阿（Goa）和1511年吞并马六甲为起点，阿拉伯人和印度人的海上势力被赶出了印度洋，欧洲白人的海上力量从此进入了亚洲的水域，并以马六甲为基地，打进了我们东亚的水域。

在这个过程中，原来一直在东南亚，还有在南海一带海域长期跟中国人及当地大大小小的邦国通商贸易的阿拉伯商人和印度商人也跟着销声匿迹。代之而起的是欧洲人有组织的商业力量和军事力量。

然而，欧洲人虽来势汹汹，赶走了阿拉伯人和印度人的势力，但原来就活跃在这一带的闽南海商势力，并没有因此收缩力量，反而主动抢夺商机，在葡萄牙人与南海诸邦的贸易当中，积极扮演中间贸易商的角色，并成为葡萄牙人与中国以及与日本、琉球等东亚国家建立贸易关系的桥梁。不过，随着阿拉伯人和印度人势力退出东南亚与南海区域，闽南海商也跟着收缩了往印度洋方向开展贸易的力量，他们的海船不再进出印度洋水域，最远只航行到马来半岛和爪哇岛与苏门答腊岛一带。南海海域成为闽南海商最活跃的水域。

这张图中所列的是这一时期闽南人的海船在南海水域航行的主要港口（见图4）。按照明朝当时的《东西洋考》这本书，从菲律宾群岛向东一带的海域是属于东洋的范畴。这个范畴一直延伸到新几内亚岛，包括摩鹿加群岛即人们习称的香料群岛在内。闽南人的船只向东最远航行到香料群岛。中南半岛、马来半岛、爪哇岛和苏门答腊岛是属于西洋的范畴，闽南海船航行西洋的航线是沿越南海岸南下，穿越暹罗湾到马来半岛东岸各个小邦国的港口，然后再绕过马六甲海峡，沿着半岛西海岸北上，或是向东航抵苏门答腊岛的西端。在明朝中后期，东西两洋，也就成为以闽南海船为主的中国船只的主要活动范围。

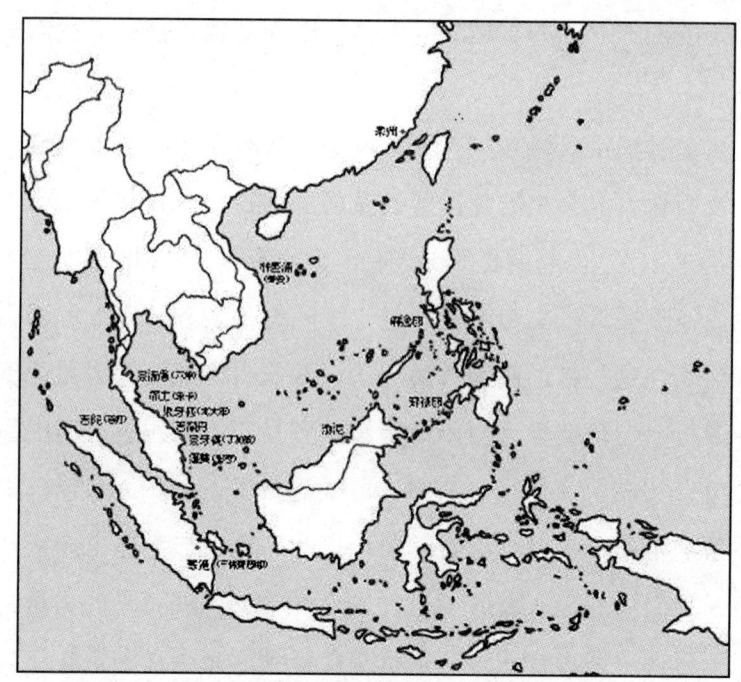

图4 16世纪闽南人在南海水域航行的主要港口示意图

（二）葡萄牙人东来初期与闽南海商势力的结合

现在具体讲述一下欧洲人东来以后产生的变化。

1511年葡萄牙人占领马六甲后，最早遇见的中国人是来自漳州的几名商人，在他们的引荐下，1513年葡萄牙大海船开始出现在珠江口。

他们第一个到达的口岸，当时叫南头岛，也就是现在香港机场的所在地大屿山岛，原属现在的深圳市宝安区管辖。宝安区为当时广州水师驻扎的地方，所有从东南亚进来的船只，必须先经过这一道关口的许可，才能够前往广州去进行商品贸易活动。葡萄牙人初来乍到，假冒成马六甲商人，驾着他们的船只停在南头岛，因未得到官方许可，不能前往广州，就在珠江口一带搞走私贸易，获利甚丰，满载着中国货物回到了马六甲，这就引发了葡萄牙人对中国贸易的更大欲望。

可是广东方面一直拒绝与他们进行贸易，在京城的朝廷也下令驱逐他们，他们无法在珠江口一带逗留，只好寻找新的贸易据点。在漳州商人的指引下，先是把船开到了闽广交界处的南澳岛和漳州东山岛一带做起走私贸易，后来更北上到舟山群岛，建立据点，大张旗鼓地与闽帮、浙帮、徽帮，甚至是日本商人大搞国际贸易。经浙江巡抚朱纨大力扫荡，无法立足，又回到福建、广东交界处的海面漂荡。经过一番折腾，最后才在1557年正式获得广州当局的许可，在澳门定居了下来。

葡萄牙人获得珠江口南侧的澳门这个据点以后，他们的船只开始设法开拓日本贸易，大概在1571年他们正式在现在的九州岛长崎建立了跟日本的通商关系。同一时期出现在日本的还有中国的船只，主要是从闽南前去的贸易船。这些贸易船，除了前去长崎外，还有的到了离长崎不远的平户岛。平户岛大家都知道，就是郑成功的出生地。

这里介绍一下平户岛，它原来是徽帮商人王直利用与岛主松浦家族的良好关系建立的对日贸易据点，后来陆续有一些闽南商人和船员在当地定居了下来。在海岛东北角的平户港周边，是松浦家族和一些中国大商人聚居的地方，由此沿海岸往南差不多5公里处，有一个很深的湾澳，叫内浦。内浦是从福建来日本的中国船只先停靠的地方，有不少闽南籍的船员和工匠住在这里。后来在台湾和福建两地崛起的泉州人郑芝龙，也就是郑成功的父亲，正是在中国人和葡萄牙人先后开通了对日直接贸易关系的时代背景下，才来到平户，在内浦住了下来，并与当地女子结婚，生下了郑成功。

内浦，在明朝的时候叫柯子，当日本的统治者丰臣秀吉在16世纪末拟发兵攻打朝鲜时,福建巡抚许孚远曾经派出密探到内浦,向当地的中国居民打探日本的军事行动,这说明了当时内浦与福建联系的密切。

进入17世纪之后,荷兰人、英国人也陆续来到平户港设立商馆,开展对日本的贸易。当时在平户跟荷兰人、英国人往来最多的中国商人叫做李旦,也是泉州人,是极为著名的海商,是最早从日本打开对台湾贸易的闽南商人。由于他和他家族的船只很早就利用台湾开展对大陆的转口贸易,并在台湾建立了商业据点,后来接收他的事业的郑芝龙,才能够利用这个据点发展出自己的海上势力,从而奠定了闽南汉人开辟台湾的基础。

(三)马尼拉西班牙人与闽南人的共生关系

1571年,从太平洋过来的西班牙人占领了马尼拉。马尼拉坐落在一条大河巴士河旁边,当地土著世代居住在这里,与中国商民有一定的贸易往来。西班牙人到此后,烧杀掳掠,强势占领,在靠近河口南侧的地方建立了城墙,围起来称为"王城",作为统治中心,并仿造他们在中南美洲殖民地的防卫工事格局,在"王城"西北角建造了一座坚固的圣地亚哥堡,维持其殖民军事占领。16世纪80年代,他们在离巴士河北侧大概两公里远的海边,规划了一个丝绸市场,将所有不信仰天主教的华人商贩和工匠等集中搬迁到此,把这里打造成为东南亚的第一个唐人街,称为"涧内"。早期马尼拉的这些华人,因明隆庆年间允许漳州月港开放对南洋贸易的关系,主要为漳州人,只有少数是泉州人。后来,"涧内"曾遭遇多次大火,经历九次搬迁,最后才在现在被称为王斌街的地方形成了今天马尼拉唐人街的格局,与"王城"以桥梁相通,隔河相望。

西班牙人占领马尼拉后,因与本国远隔重洋,人数上居于劣势,完全是依靠其优异的西洋枪支和大炮，以及操弄华人与当地土著居民之间的矛盾来实现其高压统治。但住在马尼拉的西班牙人大部分是军人，少数为行政官员和神职人员，这些人都不事生产，生活上必须仰赖华人从中国运来的粮食和在当地养殖的家禽、家畜和种植的青菜，才能生存下去。这些华人每天摆摊卖吃的，或沿街叫卖，西班牙人既痛恨他们人数上的众多，又不能不依赖这些不信上帝的人取得生活供养和中国商品，因此在日常关系中既不得不与华人频繁周旋，但内心又极端猜忌害怕，担心有朝一日为华人赶下海去。这种不正常的共生关系曾导致1603年两三万名华人惨遭屠杀的重大事件，类似的屠杀事件在郑成功收复台湾后以及在乾隆年间都曾再度发生。

漳州人很有天分，他们跟西班牙人的传教士学会印刷圣经、用羊皮纸装订书刊。另外，他们还擅长象牙雕刻，图5中看到的这一座圣母玛丽亚的象牙雕像，是相当精美的雕刻工艺品。大家很难想象这是16世纪末期的时候，马尼拉的闽南人所雕刻出来的圣母玛丽亚像。

从菲律宾往南，闽南人船只的活动范围一直到达现在新几内亚岛西侧的香料群岛北边。这里有一个叫做特内特的岛屿，这里是盛产丁香的地方，西班牙人与荷兰人均建有据点，当时闽南海商把它称为万老高。再由此航向更南方，是闽南航船的航行

图5　圣母玛丽亚象牙雕像

极限，到达了现在的帝汶岛。帝汶岛当时被闽南人称为池汶，大家知道闽南话"池"与"帝"的发音相近，因此就是我们现在所称的帝汶。这就是闽南人到达东南亚最南边的地方，这里仍属当时所称的东洋的地理范畴。

（四）荷兰人抵达亚洲后与闽南人的互动

在明朝称为西洋的部分，即中南半岛、马来半岛、爪哇岛和苏门答腊岛，闽南人的身影也都出现在这些半岛和岛屿的港口城市，与欧洲人频繁互动。进入17世纪，荷兰人的势力渗入与马六甲相对的爪哇岛之后，闽南人的船只更多地出入新兴国际港市。其中一个是越南海岸线中部的会安（广南），即现在岘港的南方，当地还保留了很多华人的交易遗迹。再沿海岸线南下，进入暹罗湾，即抵达当时东南亚另一贸易大国暹罗境内。在17世纪初期，暹罗是阿瑜陀耶王朝统治时期，即现在泰王朝的前身。从曼谷往北坐不到一个小时的车可达其首都阿瑜陀耶（又称大城），这里有大量的佛教寺庙，最繁盛的时期，万商云集，俨然一个国际大城市，葡萄牙人、荷兰人和日本人穿梭其间，更不用说大批的闽南商人出入了。

穿过暹罗湾，抵达马来半岛东侧的大泥（北大年）和宋卡，这里也都是荷兰人最早寻求香料（主要是胡椒）贸易机会的暹罗领地，闽南人同样在这里有着长久的交易历史。在马来半岛南方有一个大的岛屿，就是爪哇岛。在爪哇岛西边的万丹，到16世纪后期，闽南商人已经开始在那边种植胡椒；17世纪初期荷兰人、英国人到来后，即与闽南华人比邻而居，当时在那边也有一个很大的唐人街，设在面积庞大的土王（称为"苏丹"）王宫的旁边，当地的闽南商民保持了很浓厚的闽南习俗，在17世纪初期的英国人游记中有所记载。

1619年，荷兰人将其亚洲殖民总部设在离万丹不远的巴达维亚（即现在的雅加达），强迫在万丹的主要闽南人商家搬迁过去，为雅加达的重要港口城市地位奠定了基础，并成为1624年荷兰人占领台湾后遥控台湾的军事、政治、经济中心，直到1662年郑成功的水师赶走荷兰人后，荷兰人与闽南人的频繁互动才逐步结束。

（五）一幅展现了闽南人伟大航海成就的地图

在这里我要跟大家介绍一幅很重要的地图（见图6），这是2011年在英国牛津大学图书馆馆藏文物中，为一个美国大学教授所发现的。他根据英国牛津大学图书馆馆藏的资料发现了这份地图，之前不曾受到特别注意。这份地图是17世纪后期英国一位专门研究中国的律师所收藏的，据说是从英国东印度公司的一位船长收来的，但确切怎么流入英国的并不清楚。

先请大家看这份地图像是中国传统的地图还是像西洋地图？我先解释一下，中国在明代的时候，很多制作出来的地图已经画上彩色，但是所画的内容通常都只限于中国本土的

图6 明朝闽南人绘制的东亚和东南亚部分轮廓图

陆地部分。中国的地图还有一个特色,它很少是竖直的长形地图。这是我第一次见到的南北竖向的中国古地图,从整个轮廓上,它已经跟现代世界地图东亚和东南亚部分的轮廓非常相似。大家可以看出,这是从朝鲜半岛和日本延伸到南海海域及其周边岛屿的详细地图。马来半岛、苏门答腊岛、爪哇岛、婆罗洲、菲律宾等基本的轮廓都出现在地图里面。

再请大家猜猜看,这幅地图是什么时候出现的?确切的年代应当是在1620年到1624年左右。大致可以肯定的是,它的绘制人或原拥有人是闽南人,因为图上不仅标出了很多以泉州为起点的海船航线,也标出了当时活跃在海上的闽南人所经常使用的地名,如彭湖(澎湖)、北港(在台湾)、吕宋、大泥、麻六甲(马六甲)、池汶(帝汶)等。还可以肯定的是,这是在泉州制作的地图。

由于没有办法很详细地给大家看清这幅地图的细节,如果有机会我建议各位上网搜索"Selden China Map",可从牛津大学图书馆的网页内把图放大仔细参考。这幅地图没有使用经纬度,完全是利用航海指南针的走向和海船的航行距离画出来的。与当时西方用近代制图技术画出的地图比较,毫不逊色。可能大家也很难想象,在明朝已经有这么高超的绘图技术跟航海知识。因此,这幅地图的出现,使我们对古人的成就有了更高的敬意。

在这里值得指出的是,从泉州往北,经福州的外海转向东方,再经过台湾北方的一个岛屿(当时叫做鸡笼山),然后又经几个岛屿而通往琉球那霸港的一条航线。这几个岛屿叫什么?当然就是我们现在所熟知的钓鱼岛列屿。

这条线路是从明朝以来漳泉的海员就非常熟悉的一条航线。在16世纪欧洲人来到亚洲之前,琉球是一个很积极跟中国发展贸易的国家,它经常派船来朝贡,然后换回大量货物,转卖到日本去。漳泉的闽南商人也会带着货物贩到琉球去,或把琉球作为转运站,沿着图上往北的一条航线,继续贩售到日本的兵库。那时候日本并没有打开对外贸易,所以琉球是一个很重要的中间转口贸易国。后来琉球人也积极开拓经闽南前往南海的贸易。直到17世纪初期,琉球仍是一个很重要的贸易基地,可是就因为它这样的重要地位,所以在1609年日本的萨摩藩派出3000个士兵把它占领了,这就是到今天日本可以利用其对琉球的控制宣称拥有钓鱼岛主权的理由。

接下来顺便提一下,最近在有关钓鱼岛归属的争议中,经常被媒体引用为中国对钓鱼岛主权的一个证据是,清乾隆五十年(1785年)日本人林子平所画的日本地图中,从颜色的标示上,明确显示了钓鱼岛是属于福建的。但事实上林子平地图完全是按我现在所展示的这幅地图仿制出来的。这幅地图是占领琉球的萨摩藩在1781年制作的,图上有一条航线是从福州的梅花港出发,航经的钓鱼岛列屿所标示的颜色是与福建相同、与琉球不同的,因此该图是把钓鱼岛列屿归为福建的。几年后出版的林子平地图,也是据此标明钓鱼岛列屿属于福建。

(六)闽南汉人开发台湾

这是福建汉人早期开发台湾的据点地图(见图7)。从福建到台湾最近最直接的航路,就是经由澎湖(明朝时称彭湖)进入。因为海流走向和距离较近的缘故,汉人开发台湾,最早就从台湾西南部海边的北港、魍港和大员等几个据点开始。1624年荷兰人占领了大员,但是在荷兰人占领台湾以前,这几个据点已经有不少汉人出现。这也是为什么说台湾自古以来是中国的领土,是有基本的根据的。

北港又称笨港，在今云林县与嘉义县交界的北港溪北侧，原来是福建、广东海盗和福建一些到台谋生者出入的地方。到清代才发展成城镇规模。

图7 闽南汉人早期开发台湾据点示意图

魍港也是16世纪末期海盗出没之地，为了逃避福建水师的追捕，曾经逃到这里的著名海盗有林凤、林道乾等。在现在的嘉义县西南部布袋镇南有一条与台南市交界的河流，叫八掌溪，魍港就坐落在这条河流下游的河口。上面提到住在日本平户岛的富商泉州人李旦，和他在长崎的一些有钱的朋友，从1615年起就共同集资，派出船只前往这个地方与福建过来的商船交易，买下他们的生丝，再转贩回平户，卖给在当地经营商馆的荷兰人和英国人。

魍港供奉了一座据考证可能是明朝的妈祖神像，可作为汉人很早到魍港的佐证。

李旦是在1624年荷兰人占领台湾那一年夏天在平户过世的。他留在魍港的商业据点和人马由原来在台湾替他看管这个据点的漳州人颜思齐继承，但不久颜思齐也因上山打猎中暑而病逝，因此这个据点又由当时担任荷兰人翻译的郑芝龙接管。经过郑芝龙锐意经营，很快发展成为一个聚居了很多汉人的武装基地，郑芝龙及其手下也一跃成为控制台湾海峡的海上武装势力。直到1628年他受到明朝招抚，回到福建当官，这块基地才转借给已经占领了魍港南边的大员的荷兰人。

全球视野下的闽南文化

1661年，郑成功自厦门发兵攻打大员荷兰人时，向荷兰人提出的法理依据就是，这块土地原属他父亲所有，他有权收回。在登陆台湾后第七天，他就从大员驰马到魍港，向沿途的土著和汉人居民作出此项主权宣示。

大员原为现在台南市外海上的沙洲，为汉人和日本人与当地土著居民贸易的集市。荷兰人在1623年占领了澎湖，为明朝水师驱走前曾到此勘探对华贸易的条件。次年在明朝大军的压力下，决定撤退到大员，一占就是38年，最后为郑成功渡台大军赶回巴达维亚。

郑成功攻打台湾的水师是从大员以北的鹿耳门水道进入的。如图8所示，鹿耳门是很窄的水道，但郑氏大军抵达鹿耳门水道进口处时正逢涨潮，因此郑军的庞大船队得以顺利进入，包抄到荷兰人严密防守的热兰遮城的侧翼，登陆台湾本岛，奠定了大军得以在台湾立足并在翌年逼迫荷兰人投降的基础。这一仗彻底打破了欧洲势力在东亚的入侵与渗透，台湾因此能够在其后的300多年当中相对平稳地形成一个成熟的以闽南人和客家人为主的汉人社会，没有像菲律宾或印度尼西亚那样长期沦为欧洲人的殖民地社会。

下一张图显示的就是魍港、鹿耳门和大员的相对地理位置关系（见图9）。

图8　鹿耳门水道

（七）清朝统一台湾后闽南人在海外的发展

郑成功在收回台湾之后不久就病逝了，他留下的政权延续到他的孙子郑克塽后，清康熙皇帝决定发兵取下台湾。在水师将领施琅攻克了澎湖后，郑克塽率众投降，台湾归入中国版图，但随着台湾归属的改变，其原来侧重海上贸易的格局也跟着改变，进入了全面发展农业的移民社会时期。

但是，有着海洋传统的闽南人并未放弃其海外经营，他们继续扩大在东南亚的事业。其中一个很重要的据点是马尼拉，另外就是马六甲，还有新加坡、槟榔屿和雅加达。甚至在印度洋上的泰国普吉岛，都可以看到闽南人的活动足迹。图10展现了闽南文化在海外的保留与发展：以马尼拉唐人街王斌街为代表的菲律宾华人群体，至今仍是以祖先来自漳、泉、厦三地的闽南人后裔为其主体。马六甲的华人也是以福建人（闽南人）为主，在流经市区的马六甲出海口旁边的唐人街内，有一座建于17世纪的中国寺庙，称为青云亭，这座寺庙象征了闽南人在当地的

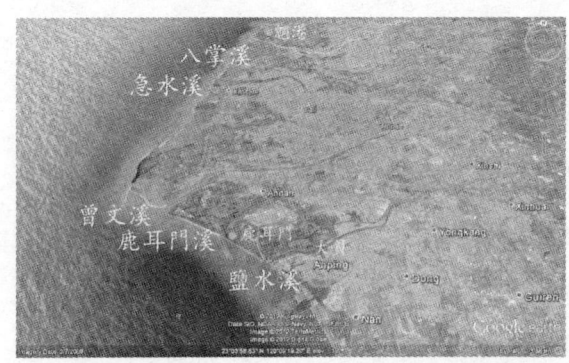

图9　魍港、鹿耳门和大员的相对地理位置

图10　马尼拉的唐人街

发展（见图11）。新加坡有一所开漳圣王庙（见图12），说明这是一个漳州闽南人的重要据点。接下来是槟榔屿，这也是一个很重要的闽南人（漳州人为主）的据点，坐落在其海边的宗姓桥，是闽南林、周、陈、杨、李等不同姓氏人家共同的向海上延伸居住的栈桥式居住区（见图13）。另一个重要的闽南人据点就是今天泰国的普吉岛，在岛的东边有一个闽南人居住区，它与过去的葡萄牙人殖民式建筑区连在一起。图14中结合了闽南与泰式风格的寺庙是清水祖师庙。在座的知不知道清水祖师的源流是在哪里？对，就是泉州的安溪，这就证明当地跟泉州故乡的密切关系。

图11　马六甲出海口唐人街的中国寺庙

图12　新加坡的开漳圣王庙

图13　槟榔屿闽南人的栈桥式居住区

图 14　泰国的清水祖师庙

图 15　雅加达的红溪

还有一个重要的闽南人后裔居住区,就是印度尼西亚的首都雅加达,荷兰人统治时期叫巴达维亚。当年这里像马尼拉一样,当地华人与荷兰殖民者之间有相互依赖的共生关系。但是很不幸,在1740年的时候,也发生了荷兰人屠杀10000多华人的大屠杀事件。雅加达边上有一条溪流,事件发生时连这条溪流的溪水都被遇难者的血水染成了红色,以后印度尼西亚当地居民就按闽南话的发音,称之为"红溪"(发音 Ang Kay),这个名称一直沿用至今。图15中的这条溪流就是红溪。

三　闽南文化的世界性影响

基本上我的图片介绍到此为止,下面接着谈闽南文化在全球的传播,说明整个闽南文化在世界上的意义到底在哪里。刚才给大家介绍的明代闽南人航海图,显示了中国还在明朝海禁年代的时候,闽南人就已经活跃在如此广阔的海域上,足迹所至,北边到日本,南边到东南亚，甚至东南方向最远到了邻近新几内亚岛的香料群岛，最南边到了现在的帝汶岛，西边到了印度洋的苏门答腊岛最西端。在这一片广大的活动范围内，与欧洲殖民者紧密互动，推广商贸，到底对世界产生了什么影响？在此就简单介绍一下。

（一）闽南海商活动的世界性文化影响

1. 第一个影响：茶文化向欧洲的传播

茶文化的传播在世界历史发展中具有极其深刻的意义，而茶最早是从中国向亚洲和中亚各地传播的。17世纪以后，又经由与欧洲人的接触传播到欧洲。将茶传播到欧洲的媒介就是闽南人。荷兰人是最早受到茶文化影响的欧洲人，他们透过闽南海商取得茶叶，再转运到爪哇岛，运回欧洲本国，形成举国嗜饮茶水的文化。1624年他们占领台湾后，又将台湾变成福建出口茶叶转运欧洲的转运站。到今天为止，荷兰仍是欧洲一个重要的饮茶国家。

受到荷兰的影响，英国从17世纪后半期起，也慢慢开始流行喝茶。到19世纪工业革命时期，工厂雇用了大批廉价劳工，强迫他们长时工作，以廉价的茶叶给这些工人提神，也使茶叶变成了他们的国饮。但追根溯源，对于茶文化的传播，闽南商人向欧洲人供应闽南地区盛产的茶叶，功不可没。

2. 第二个影响：丝绸文化的传播

至少到明朝结束为止，丝绸文化最重要的影响地区出现在日本。16世纪末，日本完成国家统一以后，进入德川统治的时期，200多年间，贵族阶层需要特殊的服饰来维持他们与庶民阶级的差异，中国的生丝受到追捧，需要大量生丝从闽南地区运输过去。但因明朝禁止中日之间的直接贸易，走私和琉球人与葡萄牙人的对日转口贸易变成了对日贸易的重要内涵。荷兰人占领台湾后，也开始了对日的生丝转口贸易，但是直到明亡清军南下福建为止，郑芝龙家族始终是控制中国生丝运销的最大势力。

除了日本市场外，中国生丝也通过闽南人大量供应给菲律宾的西班牙人和经由澳门的葡萄牙人与台湾的荷兰人之手转售欧洲。西班牙人除经由太平洋航线运回本国外，也有部分留在墨西哥销售，当地的印第安人也喜欢丝绸衣服。丝绸文化的传播可以说是世界性的。

3. 第三个影响：青花瓷文化的传播

青花瓷的生产，根据我自己的考证，是来自闽粤交界处的几个客家县份，包括漳州的平和、南靖等县，还有广东这边的大埔、饶平两县。这些地方都盛产优质瓷土，这种瓷土适合生产青花瓷。明朝青花瓷的生产源自景德镇。正德年间王阳明平定了闽、粤、赣三省交界处畲民的叛乱后，将从江西带去的景德镇士兵安置在新设的平和县内，这些士兵教会了当地居民利用当地的瓷土烧制瓷器。后来因为澳门的葡萄牙人需要大量欧洲风格的大瓷盘卖到欧洲市场去，平和县及其周边各县的客家人，就利用从景德镇士兵学得的生产技术，制作了大量青花瓷盘子，经由在澳门经商的闽南人之手，销售给葡萄牙人。直到今天，因运载这些瓷盘返回欧洲的葡萄牙"克拉克大帆船"而驰名后世的"克拉克青花瓷盘"，仍一直是世界著名的博物馆努力收藏的珍品。

当然，闽南文化并非只有代表其贸易内涵的上述文化元素，它也包含了祖先崇拜、宗亲关系、宗族势力、寺庙信仰和孔子信仰等传统文化元素。这些元素随着闽南人移植他乡而传播到中国台湾、日本、琉球以及东南亚各地，像妈祖文化的传播范围就极为广泛。在某种意义上，妈祖女神的崇拜与西方天主教圣母玛利亚的女性崇拜相类似，在世界上应享有崇高的地位。

（二）闽南民间军事力量的跃升及其在世界军事史上的意义

闽南文化中，人们较少注意的一个元素是，从17世纪开始，民间海上军事力量在质的方面的跃升。这种跃升是明清交替西方海上势力东向扩张时期至鸦片战争前，东亚政治格局长期维持稳定的根本因素。

在军事层面，直到16世纪结束，由于明朝厉行海禁的关系，与西方海上军事力量和军事技术的突飞猛进相比，中国的海防力量极端薄弱，嘉靖中后期的倭寇之乱说明了中国基本上无海防可言。因此，从17世纪开始，一个小小的荷兰，都可两度侵占澎湖，在岛上筑堡，并在1624年占领了台湾。但是这一时期，异军突起的是闽南民间海上力量。从更早时与阿拉伯人和后来的欧洲人接触开始，闽南人就比中国官方更早掌握了早先的阿拉伯人和后来的欧洲人更为先进的枪炮制造技术。海盗林道乾有能力在暹罗大泥制造西方大炮，就是一个明证。他所制造的大炮至今仍在泰国曼谷国防部大楼前的广场陈列。

从广东林凤海盗集团在1574年率众袭击马尼拉西班牙人的失利，可以看出中国人与欧洲人接触初期，中国人军事装备与军事力量的落后。林凤是潮州饶平人，是闽南人的分支。由于受到明朝水师的追剿，他带领部属逃到了台湾魍港。停留期间，他们截获了一艘从马尼拉返回福建的船只，船上载有此前中国人没有见过的雪花花的大量墨西哥银元，这是西班牙人用来跟中国做贸易用的。当获悉西班牙人在马尼拉的防守薄弱、只有200多名士兵时，林凤心动不已，当即决定率领手下700多名部众偷袭马尼拉。

可是，从林凤部下当时装备的落后，就可预见，这是一场没有胜算的偷袭。他的许多部众脚上连鞋子都没有，头上戴的是挡不住子弹的斗笠，身上的护甲是棉袍做的，主要的武器是长竹子做的长矛，这就是当时所谓中国最大一股海盗的武装实力。果然，在西班牙人的西式枪弹之前，从未真正接触过近代火器战争的中国民间乌合之众，很快就损兵折将，溃散而逃。这是中西战争史上一次可悲的近战接触。

但是将近一甲子之后的1633年，已经成为厦门海防将领的郑芝龙，带领在泉州民间海上武装力量的基础上发展起来的水师，在金门料罗湾海域大胜配备了最先进装备的荷兰舰队。这一仗显示了中国的地方武装，已经从林凤时代落后挨打的角色，一跃成为足以打垮世界最强大海军的一流水上雄狮。

他们从战术到武器装备上，都有了长足的进步。明清在东北与满族人对峙时期，由于打不过满族人，所以从民间征集工匠，要大量仿制葡萄牙人的红衣大炮。红衣大炮的工匠大家知道从哪里调去的吗？也是泉州，一共调集了11名泉州工匠到京城制造大炮，后来虽然因为大炮质量不过关，仗没有打赢，可是也证明泉州的工匠已初步具备制造西式大炮的能力。到1661年，郑成功攻打荷兰的时候，已最多出动了28门大炮，炮弹重的有30、40磅一颗的。他最后能够攻克荷兰人固守的热兰遮城，不仅是因为士兵训练有素，不怕死，最重要的是郑成功的武装力量到那个时候已经相当强大，甚至大炮威力也已经超过了荷兰人。所以，从林凤1574年进兵马尼拉失败，到1662年郑成功攻下台湾，将近90年的时间里，从落后原始的武器装备，发展到登上世界的顶峰，这在世界军事史上具有极其重要的意义，因为它证明了一路上从海上打败了阿拉伯人和印度人，将其武装力量从印度一直打到中国门口的欧洲人，并不是所向无敌的，也不是不能超越的。中国人如果能够在当时的基础上，继续维持其海上优势，世界就不是今天的格局。可惜，清朝统治以后，对此没有足够的认识，放弃了海洋的经营，终于在19世纪中叶的中英鸦片战争中一败涂地，直到今天，中国仍然在为国家的落后付出沉重的代价。

（三）闽南人对中国以及世界历史的影响

现在谈闽南人对中国以及世界历史的影响。

第一，最重要的就是建立台湾汉人的社会。郑成功在1662年击退了荷兰人，取得台湾的统治权以后，虽然他不幸英年早逝，不到39岁就过世了，但是给台湾人留下了完整的汉人社会。

第二，他击退了荷兰人以后，将台湾海峡的控制权完全掌握在中国人手里，这代表什么样的现代历史意义？在没有发生钓鱼岛纷争以前，我们还没有完全看出它的意义，但是现在我们看到了，它实在具有太伟大的历史意义了。那是发生在400年前的事情，它阻挡了欧洲殖民者在东亚的北向扩张，如果荷兰人继续保有台湾的话，他们可以一直往北控制到日本，同时中国福建、广东的沿海的安全会长期受到威胁与骚扰。因此郑成功把荷兰人从台湾赶走的意义，第一个是阻止了欧洲人从台湾向北的扩张，第二个是保护了福建、广东的安全。

第三，日本从16世纪末开始，就一直主张向南扩张，可是郑成功取得台湾以后，台湾海峡这道防线被中国人牢牢控制，日本原先在东南亚的势力迅速萎缩，跟北方的日本政府没有办法保持密切的联系，日本开始走入锁国的道路。东海和南海在中国人手里控制的格局都被确立了下来,一直维持到现在为止,这具有跨时代的意义。

第四,推动明朝中后期以后把中国融入全球经济体系,并以郑成功驱逐荷兰人为起点,奠定台湾以中国传统人文与农业体系发展经济的基础,台湾免于沦为西方殖民体系的附庸,免于成为从属于殖民国需要的东南亚型和加勒比海型岛屿殖民经济体。这就是说,台湾归属中国以后,没有像菲律宾那样发展成为被殖民统治的岛屿,台湾的经济是中国传统的农业经济,不是单一型的。大家知道进入17、18世纪以后,加勒比海许多岛屿的经济都变成了单一型的经济,种香蕉的全部种香蕉,种甘蔗的全部种甘蔗。但是台湾维持了中国传统的农业跟文化发展经济,这也是直到今天,台湾的发展能够继续保持繁荣的重要原因。

第五,推动福建与台湾从中国的边陲转变为与世界接触的前沿。在闽南人开始与西方接触以前,在中国人的传统观念里面,与外面世界的接触是通过北方的丝绸之路,福建这些地方都是中国的边陲。可是从16世纪西方人来了以后,福建人以海洋作为跟西方接触的前沿,从此福建从中国的边陲地位一下子变成中国的前沿,而且是跟世界上最先进的文明直接接触的起点,这个历史意义是不可低估的。

同时,从16世纪起,世界各国也透过闽南人从海上跟中国接触,这些接触的国家包括传统的东南亚国家,还有新起来的欧洲强权文明,像英国、荷兰、葡萄牙、西班牙,都是透过闽南人跟中国接触。所以这是中国最早接触西方世界文明的媒介。同时还有一些非国家型的文明,包括犹太人文明,还有亚美尼亚文明,这些商业文明都同时透过闽南人跟中国接触。我为什么提到犹太人和亚美尼亚这两个文明呢?

大家都知道犹太人是世界上最活跃的商业力量，葡萄牙人立足澳门以后，其重要的商业利益主要掌握在犹太人手里。为什么澳门的葡萄牙人商业力量会由犹太人掌握？因为15世纪西班牙女王伊莎贝尔统一了西班牙以后，开始大量驱赶犹太人，所以很多犹太人开始流浪。但是他们拥有大量丰富的商业知识，有些人跟着葡萄牙的船只流浪到印度，后来又从印度来到了东方，最后跟着葡萄牙人立足澳门以后，继续掌握着澳门的经济命脉。当中有一个最有钱的犹太人购买了两条中国式大帆船，船员都是闽南海员，开始向日本的九州去作初步的商业试探，卖了大量的西方枪支给日本，这是日本实际上输入枪支的起点，同时也是日本的长崎岛开始向世界开放的起点。这个犹太人等于是透过跟闽南人的合作，共同开创了日本与世界的接触史，日本向世界的开放有着闽南人的一份功劳。

另外谈一下亚美尼亚人，他们也是跟着葡萄牙的船只过来的。他们为什么要来？因为他们要批发丝绸。亚美尼亚人在欧洲是最著名的丝绸转运商。从前在陆上丝绸之路的时代，亚美尼亚人定居在伊朗的北部。有一部分流落到欧洲的西部，甚至到了英国，这些商人在大航海时代，也跟葡萄牙的船只来到了东方。所以闽南人也开始跟西方的亚美尼亚商人接触，这是宋元时期泉州人与印度人、阿拉伯人的接触交流告一段落以后，新兴的西方文明的接触也从这个阶段开始了。所以闽南人不仅开创了同欧洲国家的接触史，也开创了同先进商业文明的接触史。

（四）闽南人对近代资本主义发展的影响

最后提一下近代资本主义的发展跟散布在东南亚的闽南人，资本主义的发展与他们有着密切的关系。可以说，没有闽南人，就没有近代西方资本主义的发展,怎么讲呢?欧洲人发展近代工业革命,发展资本主义,需要大量的资源,也需要大量的劳力去开发这些资源。在东南亚,不但土地与资源的开发需要大批劳工,而且还需要大量资金。像马六甲的很多闽南华商,当时已经很有钱,他们常常借钱给西方人开发。后来新加坡一些闽南商人,也都大量去投资开矿、种甘蜜和胡椒。甘蜜叶可用于熬制槟榔膏,是欧洲人制作皮革时所用的揉皮与染皮剂,也是嗜吃槟榔者伴着槟榔咀嚼的膏状物,所以通过华人在热带雨林里面给他们开矿,种植经济作物,才创造了西方资本主义所需要的累积资金,所需要的资源财富。有了这些闽南人,才有今天资本主义世界的繁荣。所以在世界历史上也应该记下闽南海外华人作出的一份贡献,但世界历史很少提到这一点。

(五)近年西方学者对闽南人历史文化的重新认识

尽管闽南人像欧洲最早期的威尼斯人或是犹太人一样,对世界商业文化作出了很大的贡献,却并没有得到世界的足够肯定与重视。但是,到了近一二十年来,有一个可喜现象,西方学界开始初步认识到闽南人在世界历史文化中的重要作用,尤其是在大航海时代推动中西方接触的功绩。现在西方很多年轻学者试图从各个角度认真地研究探讨,他们想探索为什么中国今天的经济能够发展得这么快,为什么能够出现飞跃式的增长。在他们的印象中,原来是很落后陈旧的中国——在500年前就被西方打败的中国,为什么能够在今天这么快速地发展起来,很快就要和西方并驾齐驱,甚至超过西方。他们有的是出于担忧的心理,有的是出于学术研究的心理,从各种不同的角度,想重新去认识中国,重新深入探讨跟西方开始接触时期的中国,这就当然免不了要研究一下闽南人在这当中的作用。

有一些比较有成就的学者，大致介绍一下。

第一个，就是写《大分流》的作者彭慕兰，可能《大分流》这本书大家都很熟悉了。他是加利福尼亚大学尔湾分校历史系教授。在他的第二本书《贸易打造的世界》里就特别记上了闽南人一笔功绩，同时也提到，台湾被郑成功"占领"，台湾得以脱离殖民地型、单一作物型经济而得到发展。就是从这些研究当中，他认为在500年前欧洲就成为世界中心的这个理论是站不住脚的，因为中国当时就已经很先进了，欧洲中心论不能成为近代学术理论的根据。大家看过《大分流》的，可能对他的说法比较熟悉。

还有欧阳泰，是美国亚特兰大埃默里大学的历史学者，他专门写了一本书《福尔摩沙如何变成台湾府》，最近新出版的一本书也是分析欧洲人在亚洲的第一场大败仗，就是郑成功击败荷兰人的故事。他作了双方军事力量的对比，分析了中国人的战术与荷兰人战术的不同。郑成功为什么能够击败当时西方的第一强国，他为此专门写了这么一本书。

第三个学者是美国的罗伯特·K.巴彻勒（Robert K. Batchelor），他是美国佐治亚南方大学的历史系教授，就是他发现我刚才给大家看的明代航海图。他专门研究英国东印度公司，他写了一篇分析文章，深入探讨那幅地图的来龙去脉。

第四个是比利时的女学者萧婷，她长期研究那一时期的东南亚和东西方的接触。她把台湾这一带称为东方的地中海，给了台湾海峡特别的时代意义，她也作了有关台湾的研究，还有东西方交流的研究。

同时，在她的办公室还有另外一位学者唐麦轩，他研究从西方到东方来的时候西方人吃什么食物和药物，从另外一个角度去分析。

另外，还有葡萄牙的学者 Lúcio Manuel Rocha de Sousa，这一位专门研究犹太人在东方贸易中的作用。还有另外一位，洛瑞德，现在在澳门研究当时葡萄牙在澳门的贸易活动。事实上，早期在澳门活动的中国商人都是福建漳泉人，当然免不了要研究闽南人的情况。

还有一位是欧阳平，这是西班牙巴塞罗那另外一位年轻的学者。也是研究大航海时代的西班牙，西班牙对中国到底有什么意义。西班牙占领马尼拉的时候，曾经想侵略中国，他专门作了这方面的研究。还有鲍晓鸥，他将西班牙早期占领台湾的很多相关文献翻译成中文，在他的文献里介绍颜思齐这个人。我刚才介绍了颜思齐，就是在郑芝龙到台湾之前与李旦一起打开台湾对外转口贸易的人，病逝后，郑芝龙继承了他留下的魍港基地，是开发台湾的先驱。所以这是在台湾历史上很重要的人物。但是，很多学者怀疑，到底有没有颜思齐这么一个人物存在。这一位鲍晓鸥先生翻译的西班牙文的文件清楚记载了荷兰人占领台湾之前，颜思齐在台湾岛上的活动。

另外，还有德国的普塔克，他也专门研究明朝东西方海上的互动，甚至翻译了大量的《明实录》内容，把好几千条地名和历史名字介绍给西方人，下了很大的功夫。

还有澳大利亚的学者韦杰夫，他住在新加坡，是专门研究东南亚的，也研究中西之间的海上交流。最后一位是印度的年轻学者沈丹森，现在在纽约，才30岁出头，研究印度洋跟东南亚这一带东西方之间的交流。

四　让世界重新认识闽南

我提到这些学者的研究，就是说西方学界已经开始关心并重视中西早期接触的前因后果，从明朝中后期，一直到郑氏家族被清朝灭亡为止，这一段时间，东西海上交流和郑成功家族的兴衰、闽南人海上的兴衰，这是他们十分关注的研究题材。我觉得这个趋势是可喜的，等于让世界重新认识真实的中国是怎么样的。西方人心目中的明朝中国，包括中国人自己所想象的，是不是真的是经不起打的国家，还是曾经叱咤一时，在世界文明史上占有一席光荣的地位。这两者之间透过新的史料发掘，可以不断让我们充分认识中国的面貌，给我们增添一份信心，所以我觉得这是一个很宝贵的发展趋势。而闽南人在这当中占有很重要的地位。但实际意识到闽南人作用的中国人大概不是很多，所以我今天把这些西方新起的学者，他们思考的方向介绍给大家，他们为什么有兴趣去发掘中国对世界海洋文明的影响，并研究闽南人活动的世界性影响。回过头来，我们也要反思，我们自己是不是也要认真思考认真研究，尤其是我们身处闽南文化的发源地，当然更需要作一番更深层的反思，这也是我今天要跟大家讲这个题目的一个用意。

最后，在结束以前，我再次提醒明代航海地图的意义，给大家参考一下。整幅地图所展现的是明代闽南海商所看到的世界，这个世界也许没有在宋朝的时候，或者在元朝结束的时候的闽南人或中国人所看到的那么大。在明朝实施海禁以前，欧洲人到东方以前，他们的船只曾一直航行到阿拉伯海，航行到非洲沿岸这么一个广阔的世界，此时他们的船只已经不再前往那些地方了。但是他们还是保持了北边到日本，南边到东南亚的香料群岛，东西到印度尼西亚的最东端和最西端，整个南海都是他们的活动范围。他们把所看到的世界，用这么一幅地图展现出来，这是他们实际体会到的世界，并幸运地流传了下来，给我们留下了这一幅珍贵的物质文化遗产，这是真正珍贵的物质文化遗产，这个遗产所代表的是那个时代的先民对世界的认识与了解。我觉得其意义不会输于当时欧洲人的地理发现，因为这是中国人用自己的知识所体认出来的，是当时最先进的一幅地图，弥足珍贵，让我们认清我们对前人的成就实在还了解得太少。

反过来，我们也要反省，今天视野下的世界是什么？从这里出发，再去思考到底闽南文化在世界上的地位是什么，闽南文化到底给世界带来了什么？更重要的是向前看，到底闽南在今后整个中国文化发展中的作用是什么？闽南在整个中国历史中的地位是什么，在整个中国海洋史中的地位是什么？甚至包括像我刚才看到的钓鱼岛，这是福建人早就开辟出来的领土，南海海域实际上就是闽南人所开辟出来的中国海上疆土，今天保卫海权的实际意义，并不单是钓鱼岛，也不止是整个南海海域，而是先人留下的一份珍贵遗产。到底我们能不能继续保有这些遗产，继续发扬先民开创出来的海洋文化，这才是我们今天所应思考的重大历史课题。

[互动问答]

1. 对闽南、半闽南、河洛、海西等概念的评价。是否可以找到一个概念，既包括潮汕文化、台湾文化，又包括新加坡文化，还有闽南本土文化？

听众A：

汤先生，您好。我来自华大外语学院。您对闽南文化的历史贡献，我觉得很有新意，而且很少听到大陆这边的声音，我自己曾经在东南亚各国做过长达一年的工作，有时候在对外交往的时候，特别是站在全球视野，我会有很多概念。比如说，我们说闽南有一个狭义概念，但是在广义上，大陆这边曾经有半闽南的概念，台湾那边也有河洛文化这样一个提法，大陆现在这边又有海西概念，我想问您，您对这几个概念有没有评价？你觉得如何能够找到一个概念，既能够包括潮汕文化，又包括台湾文化，又包括新加坡文化，还有闽南本土文化。谢谢！

汤锦台：

谢谢！这是一个很好的提问。关于是用闽南还是其他的提法，各地有不同的习惯。在新加坡的闽南人自称为福建人，在台湾现在有人叫自己台湾人，不愿意叫闽南人，因为不愿意把自己归类为中国人。但台湾有些年纪大的学者，比较有大中国的概念，喜欢用河洛这个概念，不太愿意采用地域性的闽南概念。还有人从第三者的角度，称闽南人为福佬人。这些不同的提法，到底有什么样的意义，或者不同的提法，有没有包含历史上的闽南人，还有往海外发展的闽南人？现在在学术界试图界定的闽南人，包括了分散在东南亚、台湾、金门和福建漳泉厦三个地区的闽南人。除了用闽南人来概括外，是不是有其他更适当的称呼来把这些不同地区的人统统包含进去呢？想来想去，我还是觉得用闽南人最恰当、最合适，原因不是因为我喜欢用地域的名称，而是历史上已是如此称呼，并不是现代人创造的，是明朝嘉靖年间的浙江巡抚朱纨据实用过的。当时他负责扫荡浙江舟山群岛一带的葡萄牙人和中国海盗，主要是漳州帮和徽帮海盗，他派了原籍晋江的将领俞大猷前去扫荡，指称海盗为闽南漳泉人，所以闽南这个称呼并不是现代才开始的,而是早在明代嘉靖时期就已出现的。

至于河洛或者福佬的称呼,河洛这个名词,也很早就出现了。曾任明嘉靖朝首辅的福建福清人叶向高,在其为万历年间晋江进士何乔远编撰的《闽书》所写的序言中,就以"河洛"和"邹鲁"的别称代替福建的称呼。所以"河洛"原是泛指福建而言,并非闽南的别称。现代有一些学者把闽南人解释成来自河南中原大地的黄河和洛河地区,故称河洛人。对这种说法,我认为有些牵强。

至于为什么叫做福佬,也有其渊源。福佬这个名称,据鸦片战争后到香港居住的西方学者和传教士的解释,是泛指迁徙到广州和珠江三角洲沿海一带的潮汕人。康熙皇帝统一台湾后,解除了原先针对台湾郑氏政权颁布的沿海居民内迁三十里的迁界令。由于迁界令的实施长达20年以上,解除之后,广东珠三角以东沿海地带,为潮汕人提供了打鱼的机会,已经荒芜的农地吸引了闽粤交界区山区的大批客家人,但无论是潮汕人或是客家人,都与说广东话的本地居民产生了很大的隔阂,当地人以潮汕人话语源自福建,遂以"福佬人"称呼他们,带有藐视含意。因此,"福佬"的称呼,是针对潮汕人而言,并非像今天有些人所认知的,用于称呼漳泉厦的闽南人。

所以我觉得这位老师所讲的其他的各种称呼,并不见得很贴切,或许明朝就已出现的闽南称呼会好些。

2. 有关在英国的明代地图。

听众 B:

我是泉州地方的研究人员。汤先生介绍牛津大学图书馆发现的中国人绘制的地图,我是第一次听到。泉州还有两本书,一本是藏在英国的牛津大学,还有一本在剑桥大学。这本书是英国伦敦大学的一个教授发现的,然后送给台湾,台湾又传给我们,这本书是嘉庆年间的,它标着潮泉两地,现在这本书校订起来,它是地地道道的泉州的。为什么是泉州的?第一,它全部是用泉州方言,里面还有一些文献都保留到现在。第二,它有很多的启示。另外还有一本书,这些东西为什么会跑到英国去?一种可能是传教士带过去的,另外一种可能是商人带过去,现在你说的地图都可以跑到牛津大学的图书馆,那么这些书是不是跟这个地图同一个时期、同一个渠道传过去的?我感到很困惑。

汤锦台:

这幅地图传过去的年代是在17世纪前期,比嘉庆年间早了很多,是当时英国东印度公司的商人收购过去的,他们曾收购很多明代的中国地方地图,有的地图是出自民间,福建有印制出售,给船员出海用的。但是刚才给大家看的那幅地图是更详细的,而且是彩色的。不久前,泉州也出了一条消息,说收到从美国那边传过来的清代泉州街市图,是彩色的绘画,所以也印证了泉州早期的工匠对地图的绘制应该是有一定的技术水准,值得进一步挖掘。

3. 如何评价"爱拼才会赢"

听众C:

我来自华侨大学,我是闽南人。作为闽南人,经常有一句话叫做"爱拼才会赢",我想这应该是闽南文化非常重要的精神。我想知道汤教授对此有什么评价?因为我也去过台湾,也去过你说的东南亚国家,大家都非常认同,或者说这个精神文化"爱拼才会赢"是不是闽南文化的核心，它的作用在哪里？

汤锦台：

关于闽南文化的真实内容，因为我本身不是闽南人，到福建闽南地区只是来探访，在台湾也只有很少的与闽南人生活过的经验，因此对于闽南人的精神文化精髓了解得不是很清楚。我是从历史角度去研究闽南文化，而且我是客家人，研究起来有缺点和优点，优点是可以客观地观察，缺点是我没有办法去深入掌握闽南文化的精髓，以及其语言所代表的深层意义。我发现明代地图上的很多地名可以用闽南话发音，但是我没有办法把它的意义研究出来，这是语言上的局限。提到文化上的局限，譬如说从信仰各方面，我也没有办法提供深辟的见解，但因为我是外人，可能有时候看事物反而更客观一点。比如说闽南文化的海洋特质，我就先注意到这点。比如说我先前提到的青花瓷，为什么能够把它变成一个世界性的商品，其中体现了闽南与客家两个不同人群的特质。负责生产的是客家人，负责营销的是在澳门的闽南人。郑芝龙到澳门去的时候，是去投靠他的舅舅，但是他与平和县的女孩子结婚，她可能是客家人，这是他的第一个太太，生下了一个女儿，或许是闽南和客家两者的结合，这个我就比较注意去探讨。今天各位在座的很多专家学者，我想都深刻了解闽南文化，所以我不敢在这里班门弄斧。

4. 对雅各之书的评价。

听众D：

据说早年有一位犹太人，他的名字叫雅各，他写了一本书叫《光明之城》，我看了今天演讲的标题是"全球视野下的闽南文化"，我想汤老师可能会讲到这个事情，刚才听下来，汤老师没有讲到这个事情。雅各在《光明之城》中描述的是一个全球视野下的泉州，上面也涉及很多闽南文化的风俗人情、商贸景象、繁荣气息等等，反映了很多内容，汤老师刚才没有提到这本书，汤老师对雅各先生的这本书，有什么评价？有什么自己的解读？谢谢。

汤锦台：

谢谢提这个问题。评价我不敢说。我首先解释一下为什么我比较偏重于明朝中后期，因为有关宋元时期的泉州，研究这方面的人比较多，所以我比较偏重于明朝。至于刚才徐书记所提到的雅各这本书，我在很多年前看过，也曾经买了很多翻译本送给别人看。但是后来看过各种书评，我自己也再仔细地研究，有些描述我也不见得完全能够接受。它描写得太详细了，包括很多生活细节都有提到，也可以说它所提到的背景，包括作者本身是从欧洲来的，细致的情况我现在记不住了，但是大致记得。这个作者是从意大利过来的，所以他根据意大利的经验记载泉州，主要还是通过陆上丝绸之路的联系所带来的对光明之城的描述和想象，当中还是偏重于陆上丝绸之路那边过来的商旅之间互相的传说，可能是从当时到过泉州城的商队或者是丝绸之路的商旅了解的实际情况，才会说的那么详细。所以我会产生疑问，这本书的真伪我不敢说，但是里面描写的内容太过详细，所以就没有把它当作今天谈话的重点，重点还是偏重于明代以后发生的事情。

张宇燕简介

张宇燕 中国社会科学院世界经济与政治研究所研究员、所长，博士生导师。兼任中国世界经济学会会长、新兴经济体研究会会长、外交部外交政策咨询委员会委员、中国公共外交协会会员。1997年担任中国驻纽约总领事馆领事，现任中国社会科学院世界经济与政治研究所所长。长期从事国际政治经济学、制度经济学等领域的研究，著有《经济发展与制度选择》《全球化与中国发展》《国际经济政治学》《键盘上的经济学》等。

1995年，《经济发展与制度选择》获中国社会科学院第二届青年优秀成果奖专著类一等奖；2004年获国务院政府特殊津贴；2006年被人事部等部委确定为"新世纪百千万人才工程"国家级人选；2012年被中宣部等部委评为全国宣传文化系统"四个一批"理论界人才。

研究领域主要为国际政治经济学、制度经济学及公共选择理论。曾参与和主持多项国家和省部级社会科学研究项目，在《经济研究》等核心刊物发表数十篇学术论文，已出版多部学术专著。2005年2月23日，在中共中央政治局第九次集体学习会上讲解专题"世界格局和我国的安全环境"。

世界经济与中国发展的国际环境——从十八大看中华民族的伟大复兴

张宇燕　　2012年12月11日

今天非常高兴,也非常荣幸来到华侨大学,和大家一起分享我对当今世界格局和我国面临的机遇、挑战的一些看法和体会。

今天在这里和大家主要谈三个问题。第一个问题,谈一下今天人类进入了一个什么样的历史时代。第二个问题,在全球化的大背景下,今天的世界格局是什么样的,以及中国在其中处于什么地位。第三个问题，在今天中国迅速发展、实现中华民族伟大复兴的历史进程中，我们面临的国际环境到底怎样，中国的自我定位是什么，我们有哪些机遇和挑战，以及如何应对这些挑战。

刚刚结束的党的第十八次全国代表大会是一次非常重要的会议，十八大报告内容非常丰富，从研究国际问题的角度看，有一部分专门谈我国的对外政策。十八大报告一开始讲到了国际力量对比朝着有利于维护世界和平的方向发展，后面有两个地方谈到了中华民族的伟大复兴。前几天习近平总书记在参观"复兴之路"展览的时候，专门谈到了中国人的梦想。中国人的梦想就是中华民族的伟大复兴。我今天和大家分享的心得，也包括了学习十八大报告的一些体会。

一 我们处于一个全球化的时代

第一个问题，我们所处的时代。当今时代，可以说是人类有史以来第一次进入全球化的时代。我们是做研究的，首先就要知道什么是全球化。"全球化"这个词，在文献里、报纸里、媒体里出现的频率非常高，但是它的含义到底是什么？

我记得有一位记者讲，"全球化"的定义可以用一个故事加以描述：有一位英国的王妃和她的埃及男友乘坐一辆由喝多了苏格兰威士忌的比利时司机驾驶的装着荷兰发动机的德国汽车，被一群骑着日本摩托的意大利狗仔队追踪，在法国的一个隧道里发生了车祸，抢救她的是美国医生，用的药产自巴西。什么是全球化？这就是全球化。我为什么特别关注这个故事呢？这个故事点破了我们所说的"全球化"最本质的特征，就是今天的世界各个国家、地区相互依存度迅速上升，你中有我，我中有你，很难说某一件事纯粹是某一个国家的事情，这就是我们所说的全球化。但是，全球化还不能仅仅用一个故事来解释，还得有一些界定。

（一）从六个方面认识和理解全球化问题

十八大报告对当今世界的描述，讲到了政治多极化、文化多样化、经济全球化、社会信息化。在这里，我重点谈一谈全球化的问题。当今世界的"全球化"特征，可以从以下六个方面加以认识和理解。

第一个方面，贸易。关于全球贸易迅速增长，我们可以看一个简单的数据。20世纪90年代全球出口额十年平均下来大概是5万亿美元。一般来讲，20世纪80年代末冷战结束标志着世界真正进入一体化进程。原来是东西方分裂，第一次和第二次世界大战时期各个国家都是以邻为壑，在第一次世界大战以前更是如此。这一轮大规模的全球化是从90年代开始的。泉州曾经是世界上第一大港口，我觉得泉州就是一个几百年前"全球化"的缩影。但是与今天的规模不一样，我还是从90年代开始说起。我刚刚讲了每年5万亿美元的出口额，到了2000年至2010年，这十年全球出口额每年超过15万亿美元。

第二个方面，资本流动。我们一般用外商直接投资（FDI）指标来衡量，按照经济合作与发展组织（OECD）的报告，外商直接投资是指外商投资占本地企业股权超过10%，超过10%就意味着外商要参加经营管理活动，不足10%就算作证券投资。为什么是10%？学者可以讨论，但是一般都这么统计。20世纪90年代，每年直接投资流出额大概是4000亿美元，刚刚过去的10年是15000亿美元。这次金融危机后，FDI的流出规模下降了。

第三个方面，技术进步和技术扩散。在全球范围内，无论是技术扩散的速度还是规模都史无前例。在20世纪90年代初期，国内刚刚有手机，那个时候叫大哥大，一部大哥大的价格是10万元人民币，我当时的工资是每月200多块钱。我觉得一生不吃不喝都买不起一部大哥大。但是到今天，原来的奢侈品变成了最普通的商品，花几百元钱就可以买一部不错的山寨机。山寨机里夹杂着创新，无论是功能、通话质量、样式、携带便利性，和那个时候的大哥大都不可同日而语，而且是普通商品，这就是技术进步和技术扩散的成果。在全球范围，不仅是中国，在非洲的埃塞俄比亚、尼日利亚，大家都使用手机。还要特别提到信息技术，信息技术的进步使得通信成本迅速下降，几乎降到了零，特别是发E-mail，成本几乎是零，而且使用者特别多，这都是技术进步带来的。2012年，美国前总统卡特的国家安全事务助理写了一本书——《战略愿景》。在这本书里就讲了当今世界面临的几大变化，其中之一就是信息技术的变化，它带动了新兴国家的政治崛起。信息的传播越来越方便，政治崛起使它们对权力有了新的诉求。未来的世界，信息技术带来的社会变迁将会很大。

第四个方面，贸易、资本和技术的进入。这三个是国际货币基金组织界定的经济全球化要素，我觉得它还过于局限在经济方面。我们说的全球化不光是经济，还有与经济相关的问题，我再补充几点。第一，是一个现象，我自己叫它"现象趋同"。我们发现今天的世界很多事情变得越来越一致。比如说经济危机，以前的经济危机，世界市场是割裂的，西方发生危机，可能东方就没有危机，因为不是一个统一的市场；甚至到1998年、1999年亚洲金融危机的时候，还是一个局部的危机，欧洲、美国没有危机；但是是这一次的危机不一样，2007年美国

次贷危机导致金融危机，全世界都受到了影响。尽管我们采取了措施积极应对，推出大规模的投资，但还是付出了很大代价，包括物价上涨、结构调整推迟，大家都受到了影响。第二，很多治理模式在趋同。在微观层面看企业（原来叫工厂），现在改革开放，建设社会主义市场经济，可以看到企业的公司治理，我们和西方企业在接轨，我们搞现代公司治理、股份制、会计制度。要走向世界，这些都会越来越接近。从宏观来看，语言、工具等等，在改革开放之初，和外国学者讨论这些都不理解，现在使用的概念都是一样的，如物价水平、失业率等。货币发行量、通货膨胀、贸易逆差、平衡不平衡等一系列的问题，我们发现这些都在趋同。商品的价格也在趋同，如麦当劳的旗舰产品"巨无霸"，将过去五年"巨无霸"的价格进行对比会发现，各国各地区不同时间的"巨无霸"价格趋同。这说明世界越来越趋于统一市场，同一种价格的市场是趋同。现象趋同和治理模式趋同是我们理解今天全球化很重要的维度。

第五个方面，全球问题。因为全球问题越来越严重，越来越凸显，它的影响范围超出了某一个国家/地区、某一群人，覆盖了整个人类。全球问题不是靠一两个国家能解决的，大家必须坐在一起共同出力才能解决。最典型的全球问题就是气候变化，刚刚在多哈开完会。对于气候变化问题，大家看到在丹麦的哥本哈根吵得一塌糊涂，在南非的气候会议也吵得一塌糊涂。这一次的多哈会议，我们也看到了大家的分歧，要达成协议非常困难，但这又是必须要解决的问题，因为它不只是影响某一个国家，而是整个人类。在十八大报告中谈到生态文明，说到"共同但有区别的责任"原则，说的是共同责任，但是承担责任的时候是有区别的。我国从这几年才开始大规模地用石化燃料，以前都是发达国家大量使用。也有人说气候变化本身是一个"故事",背后是各种各样的利益集团,有一些国家想利用这个来达到自己的目的。气候变化是不是一个真实的"故事",大家的争议都非常大。全球问题不只是这个问题,还有恐怖主义。中国也是恐怖主义的受害者。恐怖主义非常复杂,越研究越复杂,这取决于你的立场。我们如果站在人道主义的立场,一定要谴责;如果站在国家的立场,私下里说,美国因"9·11"把注意力从放在中国转移到反恐上。总结这"9·11"以后的十年世界发生了什么变化,很多的政治家开始写文章讲这十年。我看到一篇文章,法国的评论家分析"9·11"对世界政治经济的影响,从头讲到尾,最后提到了一句话,提到了一个国家,"其实最重大的影响是给了一个国家10年的时间,这个国家叫做中国"。我觉得这意味深远。2000年,中国的GDP是美国的15%,2012年,12年过后,中国的GDP是美国的50%,差距就是这么大。这12年间,我们估算中国按照市场汇率计算的GDP达到8.2万亿美元,人均6100美元;美国大概16万亿美元。全球问题还有全球贸易体系的稳定——金融体系、货币体系的问题,这也是全球问题。2008年金融危机爆发,当时的美国小布什总统打电话邀胡主席开会,把原来的G20会议上升为首脑会议。后来,胡主席去了,并提了四点建议,包括促进各个地区的货币合作,加强全球金融监管,其中还有一条是推动国际货币体系的多元化。他并没有怎么解释,这都是微言大义。现在的国际货币不那么多元,美国在主导。推动国际货币体系多元化,就是慢慢地其他国家的货币也要起作用。哪些国家的货币起作用?没有说人民币,一句都没有,但是话都藏在里面了。全球问题还有资源问题、污染问题。全球问题现在越来越凸显。

第六个方面,国际规则的普遍适用性提高,覆盖的国家越来越多,覆盖的人口越来越多,而且内容越来越丰富,执行力度越来越大。以世界贸易组织(WTO)为例,中国十几年前加入了WTO,这是了不起的事情。接着,越南、俄罗斯等国加入,WTO规则覆盖的国家越来越多。WTO的前身叫做关贸总协定,主要是针对关税和非关税壁垒,而WTO内容更丰富,对知识产权保护就有一个专门的条款,还有政府采购。如果2012年WTO有什么大的变化,重要的一点就是中国开始加入政府采购谈判。像环境条款、劳工条款都要放在WTO规则里,因为贸易竞争不仅仅是产品关税和非关税的问题,在环境条款、劳工条款方面也要统一标准。如果一国的劳工有社会保障、失业救济等等,而别国没有,这就是不平等竞争。还要把动物权利保障条款写进去,动物生下来也有很多权利,如不受饥渴的权利,不受恐吓的权利。有一些动物就很惨,像养鸡场里的鸡就很不容易,一辈子的居住面积就一张A4纸那么大,吃三四十天就进入屠宰场了。这不行,要给鸡权利,WTO条款规定食用的鸡必须一天睡足6个小时。我们可以解读为这是贸易保护,如果别国从中国进口鸡肉,还要问你们的鸡一天睡够6小时没有。今天国际规则的内容越来越丰富,执行力度也越来越大。WTO和原来的关贸总协定不一样,WTO有一个争端解决机制,如果受到歧视,可以去投诉。WTO的裁决具有法律效力,必须得到遵守,如果败诉了不遵守,所有的成员都可以对其进行制裁。

(二)全球化的趋势是不可逆转的

从六个方面来讲,今天世界各国的相互依存度越来越高,这是有史以来没有过的。从贸易增长、资本流动、技术进步和技术扩散、现象趋同和治理模式趋同、全球问题凸显，到国际规则的普遍适用性，我们看到了依赖程度越来越高的世界。人类有史以来第一次进入了全球化的时代。也有人说全球化这个词不好。当我们说到什么"化"的时候，就觉得这个世界就朝着这个方向走了。这个事难说，说不定到什么时候，世界又开始分割成几个集团，相互依存度又回去了，有人提出要用另外一个词——全球主义，把人们退回到以邻为壑的可能性包容进去。我觉得，即使退回去也是暂时的，人类的相互依存度加深、加强是历史趋势。

二 全球化背景下的世界格局

第二个问题，在全球化背景下，世界格局是什么样的？

（一）世界格局的含义

回答这个问题，我们得先定义什么叫世界格局。当我们讨论世界格局的时候，第一个关键词是"大国"或者"国家集团"。它们有实力，力量对比主要是大国和国家集团的力量对比。本来说"大国"就够了，为什么加上"国家集团"呢？因为国家集团的作用越来越大，像"二十国集团（G20）"，这二十国集团不是20个国家，是19个国家加上欧盟。欧盟是一个国家集团，欧盟的轮值主席参加二十国集团首脑会议，所以是"大国"和"国家集团"来主导这个世界。到底如何解释G20？就好比把全世界想象成一个大公司，这20个成员就是20个最大的股东，它们组成了董事会，它们开董事会议来决定大方针。必须是大国，小国就不行，尽管《联合国宪章》规定国家不分大小一

律平等，但是大国和小国事实上很难做到平起平坐，因为大国和小国的差距非常大。第二个关键词，"讨价还价"或者"博弈"。博弈的背后就是讨价还价。第三个关键词，"权利"或者"利益"。为了权利或者利益激烈地讨价还价。第四个关键词，一种相对稳定的"关系"。世界格局或者国际格局指的是大国或者国家集团之间为了自身的权利或者利益，进行艰苦的讨价还价或者博弈，形成一种相对稳定的关系，这种关系就是相对的国际制度或者规则。

（二）规则制定权在大国竞争中占据着重要地位

制度非常重要，国家之间博弈，企业之间竞争，争来争去争的是规则的制定权。有的时候说一个国家实力怎么强，但如果实力没有规则作保障和后盾，这个实力可能都是空的。换句话说，是规则决定了竞争的胜负。在座的100米赛跑有比博尔特快的人请举手？我估计没有，但是我们要注意，博尔特之所以有今天的荣誉、影响力和财富，是和100米赛跑的规则连在一起的。如果改一下规则，跑50米的时候停下来，解两道数学题，答对以后接着再跑，把规则稍微改动一下，我想在座的就会有很多人比博尔特快。什么意思呢？规则决定了胜负。1904年奥运会的时候，增添了一个比赛项目——撑竿跳，规则上说"凭借手中的杆，越过的横杆越高，成绩就越好"。日本运动员佐间代富士，他说你们先跳我再跳，后来他把杆插在地上爬上去然后跳了过去，跑去要金牌，他说规则就是这样写的。后来就改规则，必须加助跑，他就跑几步又爬上去，又去要金牌。后来又加了一个规则，两手不能离杆。这也说明了规则决定胜负。

一般来讲，规则和制度有中性和非中性之分。什么叫中性呢？制度或者规则的制定对所有人来讲，怎么定都行，没有差异，这就是中性规则。比如说交通规则，民国时期政府制定交通规则的时候，交通规则最基本的内容就是人车靠左走还是靠右走，原来都是乱走的，国民政府说靠左。其实无所谓，只要别三天两头改就行。这种规则就叫中性规则。我们要注意绝大多数的国际规则都是非中性的。什么叫非中性呢？就是同样的规则，对于不同的国家、企业，意味着不同的结果，这就是制度的非中性。刚才说的赛跑规则就是非中性的，我们现有的规则排除了在座的所有人站在世界百米赛跑的领奖台上。现行的规则就使博尔特受益，规则带来不同的利益。绝大多数规则都是非中性的，规则或者制度面前人人平等，并不意味着这个制度是中性的，不意味着是公正的。美国人执行、接受这个规则，也要中国人接受，要全世界都接受，这是公正吗？不公正，因为这对美国人有利，也许对中国人就不利。国际格局的确立就是制定一套稳定的国际规则，而且这个规则是非中性的，不同的国家有的获益，有的受损。我们要改变国际格局，使世界格局朝着有利于和平的方向发展。这句话的含义很深刻，朝着公正、合理的方向发展，这种力量在增加，这背后是利益的分配。

（三）影响国际规则制定权的八个因素

规则（制度）如此重要，因此谁都想来定规则，由别人来接受。如何让别人接受？决定一个国家在国际规则制定中的影响力，有哪些因素呢？概括起来，有以下八个因素。

第一，经济实力。简单来说就是GDP。前一段时间听到很多观点，说不能以GDP挂帅，不能一切都盯着GDP，这话说得对。但是我要说，

没有GDP，中国在世界上是不被看得起的，人家把你看作朋友或者敌人，是因为你有这么大规模的GDP。2000年的时候，美国人怎么看我们？今天，美国人怎么看我们？美国几乎所有的外交资源，没有一处不是和中国的崛起有关，因为中国现在是唯一一个可能对美国的霸权提出挑战的国家。俄罗斯在军事上比较强大，但是经济上差远了，中国的GDP是四五个俄罗斯的规模。最核心的还是经济实力、贸易出口。改革开放之初，中国经济占全球的份额是2%，现在是12%。这三分之一世纪，中国的经济增长有目共睹，成就是巨大的，但是我们还不能太过于自满。在公元1600年的时候，万历年间，那个时候中国的GDP占全球GDP的三分之一。在北宋的时候，当时的都城东京（今开封），一个农夫一年的收入能够购买的大米，按照今天的米价，再折合成美元，一个农夫一年的收入是5000多美元。外国人说中国威胁论，我们威胁谁了？我们只是回到了历史的平均水平，这就是中华民族的伟大复兴，不是崛起，我们早就崛起过了。我们中华文明在人类文明第一名的平台上待了一两千年，只不过最近几百年不太好，我们是回到了历史的平均水平。回归到正常状态应该是三分之一或者四分之一，应该要达到25%。也就是小平同志20世纪讲的，到21世纪中叶中国达到中等发达国家的水平，到新中国成立100年的时候，达到中等发达国家的水平。

第二，技术。在科技水平上，美国等发达国家还是占有绝对优势。联合国世界知识产权组的数据显示，从专利上看，美国有180万件有效专利，日本有120万件有效专利，中国现在有30多万件。在存量上，中国与它们还是有差距的。但是，中国的增长速度是最快的。像华为、中兴，中兴是2011年企业方面申请专利最多的中国企业。美国的兰德公司几年前做了个报告，专门研究发展中国家等新兴经济体在科技上的大量投入是否会对它们造成冲击。它们的结论是不用怕，不管它们的科研人员占了多少，美国还是全球投入研发经费最多的国家，75%的诺贝尔科学奖获得者在美国。科技方面，我们在奋起直追，但是应该看到存量上的差距。

第三，军事。军事涉及军费、军队的素质以及常规武器和核武器。2011年，全球的军事国防支出是1.75万亿美元，其中美国是7000多亿美元，美国的军事支出占了全球的40%；欧元区支出将近2011亿美元，占比11.5%；中国排第三，1429亿美元，占全球的8%。美国和欧洲就占了50%以上。中国的增长速度也很快，但是人均军费很少，占GDP的比例也很低。外国人讲爱好和平，要和平发展，但是军费增长的速度这么快，比GDP、税收还要快。十八大报告里有一句话，我给大家念一下，"建设与我国国际地位相称，与国家安全和发展利益相适应的巩固国防和强大军队"，这是十八大报告里的，这意味着军费还要增长。我们的国际利益范围越来越广，以前我们开放度不够，现在开放度很高。军费方面，西方还是占主导，常规武器方面占主导，但是我们在迎头赶上，我们有航空母舰，还有歼–15，还有军队的素质，这都是国家军力很重要的因素。

说到航母，大家很关心，我也很关心，美国人是真关心。2012年，美国《外交政策》杂志发表了一篇很有意思的文章。这篇文章的题目是"暴风雨前的平静"，副标题为"中国即将发现要经营一艘航母有多难"。其中提出，经营航母的困难有以下五个方面。第一个，系统整合很不容易。第二个，高额的养护费用。美国20年前管理一个航母战斗群每年的支出是15亿美元，20年后的今天这个费用至少要翻番。第三

世界经济与中国发展的国际环境——从十八大看中华民族的伟大复兴

个,训练风险非常高。1945年到1988年,美国海军陆战队损失了1.2万架飞机,平均下来一年300架,损失了8000名飞行员。第四个,预算资金须保障。第五个,有航母以后的外交政策非常复杂。看到我们的军事力量变化这么大,别人都很关注我们。还有核武器,中国是核国家,有原子弹和没原子弹在这个世界上是不一样的。今天联合国安理会五个常任理事国拥有否决权,它们共同的特点:这五个国家是合法的核国家。中国的朝核政策第一条就是无核化,现在朝鲜核弹爆炸了,就要去进行核谈判。

第四,国家规模。小国和大国的区别太大。美国前总统尼克松写过一本书《领导者》,里面讲一个政治家要想成为世界级的领袖,至少要满足三个条件:第一,你得生活在一个伟大的时代,就是动荡的年代;第二,你本人得有盖世才华;第三,你必须得是大国的领导人。他说他认识一个人满足前两个条件,但是在一个小国,这个人就是李光耀。新加坡就这么大,他没有办法成为世界领袖,但是中国不一样。中国是一个大国,毛主席见尼克松的时候说,中国有两个东西很重要:地大物博、人口众多,还有一个是《红楼梦》。但中国的人均资源是稀缺的,中国面临的很重要的挑战就是资源。当然,这个事也不必太悲观,一眼望去,几乎所有的发达国家都是资源不足,大量地消耗外部资源,而发展中国家——资源丰富的国家都是发展中国家。像俄罗斯,折腾了几百年到现在还是一个新兴经济体。所以说,有资源不一定意味着就是发达国家,关键是技术和人口质量。人口质量就是人类资源和人类的合作精神,这一点非常重要,所以大学、学校肩负着非常重要的责任。十八大报告里写到民生的那一节,不是简单地提高工资,注意社会福利保障,上来先谈的是教育,人们收入水平的提高核心在教育——高质量、公平的教育。教育是形成人力资源、促进经济增长、增加收入最本质的东西，不光是人和资源，还和人的质量有关系。

第五，财政、货币、金融体系的健康稳定。如果国家欠了一大堆的债，债务高企，国内金融市场不稳定，法律不健全，财政收入不稳定，这都不行。今天这个世界，债务危机频现，政府的债务占全球GDP的80%。这80%主要是发达国家的债务太高，债务超过GDP的八个国家全都是发达国家，欧盟和欧元区债务占GDP比重达90%，美国是107%，日本是230%。很多人就说2013年日本的债务问题要发酵，相比而言，欧洲还算是好的。这就是国家的资产负债表。尽管我们有我们的问题，但是这方面我们面临的问题比它们轻微得多，我们的财政增长速度一直很快。

第六，货币。也即看一个国家的货币是不是世界货币。有一句话是美国的诺贝尔奖获得者讲的，他说全世界都在生产美元能够购买的产品，美国生产美元。别的国家拼命地生产，美国来印钱，美国印100美元的成本才6美分，而6美分印出来的100美元可以到世界各地买100美元的东西。这买卖好不好？这在经济学上叫"铸币税"，印制纸币的成本和纸币能够购买的东西，这个差异就构成了国家的收入。所以美国一定会让尽可能多的国家和人口认识美元、使用美元，最好离不开美元。用的美元越多，就意味着美元占用你的资源越多，你拿到的美元不是美国白给你的，而是靠顺差。美国买了很多东西，买了资源，买了你的服务，美国人吃喝玩乐，然后留给你一堆纸。所以美国一定要维护美元的霸权地位，美国霸权很重要的一点就是美元的霸权。欧元为什么产生？重要的原因就是和美元竞争。但是欧洲不这么讲，真正的原因经常都是不说的，做很多的事，说的原因和想的不一样。

在这种背景下,我们也想,凭什么美国、欧洲在做,人民币是不是也可以这样?所以很多经济学家也在琢磨把人民币做成国际货币。但是,这一进程将非常长。

第七,制定规则的技巧。在接触外国专家学者时,我们发现很多事情与他们还存在差距,还需要向他们学习。比如说,2012年诺贝尔经济学奖获得者罗伊德·沙普利,探讨在一个股份公司大家各有各的股权,需要构建一个获胜联盟,和谁结盟,怎么结盟,股权各自多少,超过50%怎么来结盟等问题。在国际舞台上也是这样,比如国际货币基金组织、世界银行,大家一块出钱,投票比例怎么来定?在这里面,所出的钱和投票权的权力指数不一定相等,别以为出钱多,权力指数就上升了,这对我们特别有警示意义。现在我们的实力增强了,原来我们不强的时候,我们拉中小国家,我们必须要让广大的发展中国家和我们一起才能和发达国家抗争。现在我们实力强了,找几个中等国家也可以和美国抗争,现在这些国家就不支持你。我们以前老不理解中国强大以后,为什么这些国家都疏远我们了,我们看了之后,才发现原来人家早就算过了,模型早就出来了,博弈论里早就有这些东西了。因为规则是别人定的,人家玩了这么多年,我们还需要学习。

第八,软实力。不是靠威胁恐吓,而是靠说服、教育、榜样的力量,或者说道德感召力,让你跟着我走,来实现我的目的,这叫做软实力。大家回去想想中国的软实力在世界上到底怎么样。

这八个因素统一起来考虑,我们想想今天的世界谁来主导世界规则?还是以美国为首的发达国家。规则是它们定的,但规则是非中性的。今天的世界发展不平衡,新兴经济体迅速成长,中国等新兴经济体整体崛起。"韬光养晦、有所作为",小平同志的"不称霸"非常正确。以往是不做现行规则的挑战者,接受现行规则,签署了百分之八九十的国际协定。美国也纳闷,美国才签了一半。签订任何一个协议,都有权利和责任。

中国的外交这几年不可能说完美无缺,但是总体来说,还是做得不错。当然,有一些人不理解,如钓鱼岛事件,大家都知道过程。从结果上看,原来是日本一家在巡航,一般的说法是,钓鱼岛是在日本的有效控制之下,这一次购岛后,中国在钓鱼岛的巡航就常态化了,这就挺好。现在我们去了,最近就在边上,这就实现了巡航的常态化,实现了我们在钓鱼岛及其海域的存在。而且常态化以后,现在我们和日本谈交叉管理,日本觉得我们要价高。原来日本说不存在争议,现在全世界都知道有争议。从短期来看,我们是受益的。美国和我们讲,要不双方就退回到购岛之前,我们说回不去了。菲律宾也说要回到发生冲突之前,但是回不去了,我们永远有船在那儿,这背后还是有国力在支持。

三 当今的中国面临着新挑战

第三个大问题,中国面临新的挑战。

(一)如何定位当今中国

中国在今天世界的定位,也即中国在今天的国际舞台上到底是一个什么样的国家。有一次美国财政部的一个高级官员到我们研究所座谈,他说你能不能告诉我什么是中国,他说我们以前对中国很了解,现在糊涂了,不知道中国怎么回事。我也没回答过这个问题,我想中国的定位应该可以从以下六个方面来刻画。

第一，中国是社会主义国家。社会主义国家意味着中国在国际舞台上是少数，意味着价值观念、意识形态、政治结构、社会发展目标都和主流国家不一样。绝大多数国家不是社会主义国家，这是一个很重要的问题。他们国家把社会主义国家看作是异类。

第二，中国是改革开放的国家。目前，我们还处在改革开放的进程之中。

第三，中国是一个发展中国家。我们取得的成就很大，但还是可以看到很多发展中国家普遍存在的问题。

第四，中国是一个迅速增长的国家，经济增长速度很快。十年前，我们谁也没有想到今天的中国在世界上是这样的地位，但是现在我们发现中国在世界上的地位迅速提高。2005年中国按市场汇率计算的GDP是日本的一半，2010年超过日本，2012年超过日本2.2万多亿美元，比意大利、澳大利亚的GDP总量还要多。可见，增长速度太快了。

第五，中国还是一个尚未统一的国家。大国里没有分裂的国家。中国还是一个分裂的国家，不但没有统一，还面临着内部的分裂势力，有民族问题、宗教问题等。

第六，中国是一个大国。大国迅速发展，和别国不一样，成长这么快，人均钢材保有量只有4吨，而美国是27吨，我们要达到美国的水平还差20多吨。中国规模这么大，资源就这么多，你用了，别人就用不了，或者要付出更高的成本，所以我们要走科学发展的道路。在国际规则制定上，中国现在在世界上是什么地位呢？叫不可或缺。比如气候变化会议，这一次多哈会谈，如果中国说不参加了，那个会都开不成了，我们是世界上最大的二氧化碳排放国，我们要是不去了，这会也不用开了。我们要干一件事,按我们的意志推动一件事很难,所以叫"成事不足",但是要让一件事干不成,我们就有办法,我们只要不同意就行了。聊起中国的发展,我对中国未来的发展还是比较乐观的。什么掉入"中等收入陷阱",中国体量太大,陷阱太小,可能就掉不进去。墨西哥也好,印度尼西亚也好,增长五倍八倍也难以决定世界规则,但是中国不一样。

(二)当代中国的发展对世界造成一定的冲击

对当今世界格局而言,最大的变数来自于中国经济的快速增长和中国整体实力的大幅度增强。换言之,中国的迅猛发展对世界格局产生的冲击,使未来世界秩序变得日趋复杂。

中国对现行的国际格局或国际秩序的冲击,主要表现在以下四个方面。

第一,物质层面的冲击。主要是指中国对外部能源与资源的需求大幅度增加。国外有人计算过,如果中国能源与资源的人均消费量要达到美国水平的一半,则至少需要3个地球。虽然这个说法听上去十分夸张,但考虑到巨大的人口规模,它也不全是空穴来风。

第二,货币层面的冲击。当今的世界货币是美元和欧元,人民币的国际使用量和覆盖面很小。作为提升中国货币金融影响力的主要措施,就是已经起步的人民币国际化进程,也就是在未来30年内,逐步让人民币成为贸易货币和储备货币,成为国际货币体系中的关键货币之一。人民币国际化既有收益也有成本,但总体看是利大于弊。

第三,制度层面的冲击。金融危机后,改革现行国际货币体系的呼声日渐高涨。对中国走和平发展道路的理解多种多样,在我看来,其核心思想主要有两点：表明中国接受现行的国际规则，同时渐进地改善现行国际规则或推进其朝更合理的方向变化。中国综合国力的迅猛增强，客观上既有助于也要求中国寻求更为公正的国际规则。

第四，观念层面的冲击。中国在观念层面上对当今世界造成冲击，主要体现在中国的发展模式上。改革开放30多年来，我们走的是中国特色的社会主义道路，建设的是社会主义市场经济，这种发展模式在西方主流思想范式中始终被看成一个异类。然而2008年金融危机爆发以后，人们开始重新认识和思考中国的发展模式。中国模式、北京故事，有人开始研究这些。西方冷战结束以后，我们听到了资本主义权力的声音，是历史的终结，人类的道路就这一条，迟早要走上一条道路，现在连他们都改口了，可能有另外一种模式和道路。这是中国对世界的冲击。

（三）当代西方国家对待中国的态度

今天的世界是西方国家主导的。面对中国带来的冲击，发达国家集团，至少是其内部的部分政治势力，对中国正在采取四项基本战略，也即对中国进行"四化"。

第一，西化。就是让中国接受它们的价值观念、政治体制，在思想上、政治上、制度上接受它们。

第二，分化。肢解、分裂中国是分化中国的一项基本内容。要是美国分成好几个国家，我们的战略压力马上就小了。

第三，妖魔化。西方有一种势力主导妖魔化中国，就是"有罪推定"。亦即事先认定中国是一个"邪恶"国家，所做的一切事都是坏事，除非你能证明这事不那么坏。

第四，体系化。就是让中国接受由发达国家主导和制定的各种国际规则或制度。而这些规则对它们更有利，是非中性的规则。中国接受了对它们更有利的规则，那么这场比赛它们就赢了。和博尔特比赛，我定一个规则，我保证能赢他。让别人接受我定的规则，这个比赛就很简单了。

在全球化时代，我们看到了"再全球化"。今天的世界不是要降低相互依存度，相反，还要加强相互依存度。但是这和原来的全球化不一样，是"再全球化"，就是指西方国家联合起来，制定新的、更严格的、执行力度更高的、非中性更明显的规则，并让你接受这些规则。从奥巴马的讲话，从希拉里2011年发表在外交杂志上的文章——《美国的太平洋时代》，都可以看到，他们讲的对华政策，就是让中国慢慢接受他们定的新规则。

（四）对中华民族伟大复兴的理解

关于中华民族的伟大复兴，我的理解有以下几个方面。第一，国富民强。第二，国家统一。民族都实现伟大复兴了，还是一个分裂的国家，这样不行，我们主张的是和平统一。第三，人民币必须是世界货币。货币是非常重要的，人民币要成为世界关键货币之一。第四，中国深度参与全球规则的制定。因为规则的确太重要了。第五，中国道路、中国模式、价值观、理念得到全世界人民的尊重，这是软实力方面。

我理解的中华民族的伟大复兴就是这五个方面的内容，中国和西方的博弈主要就是这些，在规则制定过程中的博弈。

这就是我讲的，在全球化的时代，中国面临的问题和我的想法，我想大家和我一样有信心。我们非常幸运，能够亲眼看到那一天的到来。就讲到这里，不对的地方希望大家批评指正。

[互动问答]

1. 人民币成为世界货币的路还会有多长?

听众A：

张教授，您好！我是华侨大学的本科生，您多次提到人民币国际化的问题，如今我们已成为世界第二大经济体，外汇储备也已经居世界第一。张教授，您认为人民币成为世界货币的路还会有多长？谢谢！

张宇燕：

准确来讲，我不知道，因为它取决于很多条件。关于货币国际化，我们给出了一个定义，国际贸易中以一国货币结算的交易额所占的比重，和出口额占世界贸易的比重处于大致相当的水平；或者以一国货币结算计价的外汇储备占全球的份额，与其GDP占全球经济总量的比重相等，就是货币实现了世界化。如果中国的计价外汇储备也达到了12%，那么我们的货币世界化就完成了。美国的GDP只占了20%多，但是美元的结算计价储备已经占了60%~70%。具体什么时候能够实现人民币国际化，我实在不好说，这要看各种各样条件的满足状况，未来的10~15年，我感觉这个时间段内，中国的人民币国际化将会取得重大的进展。

2. 有关欧盟的问题。

听众B：

日本有一个说法，说欧盟将来会取得很大的发展，不知道老师怎么看，将来欧盟会不会超越中国？

张宇燕：

关于欧洲的未来，争议一直比较大。有美国人讲，如果晚上实在睡不着觉，就去思考欧洲的未来。还有美国人讲，欧洲的未来就是一个文化主题公园，迎接着大量来自亚洲和美洲的游客。还有一种观点，欧洲可能重新焕发生命力。我没有时间讲欧洲现在面临的问题。从中短期来看，欧洲没有问题，货币危机、财政危机不会导致欧元区的垮台或者解体，这种可能性很小。因为所有的欧洲人心里都明白，离开了统一，离开了团结，欧洲在世界上什么都不是。欧洲最强的是德国，德国在欧洲非常厉害，非常强势。德国的GDP不到中国的一半，5年以后，可能是中国的三分之一，10年以后可能是中国的四分之一。如果欧洲不统一起来，那么欧洲将什么都不是，所以欧洲没有别的选择，只有统一起来，再大的债务危机也得挺住，因为欧元区垮了，欧洲就会倒退。从目前来看，南欧和北欧的劳动生产率差距太大，欧洲的未来取决于内部能不能跨越经济一体化进程，进入社会体制改革，把劳动生产率提高。还有老龄化。目前意大利65岁及以上的人口占25%。随着老龄化而来的，还有大量的外来移民。2011年英国发生的骚乱，其本质原因是第三代移民对改善社会地位的彻底绝望。第一代移民生活改善很多，而第三代移民彻底绝望。美国人说100年以后的美国是墨西哥的殖民地，白人是7亿人口，绝对数在下降，核心还是劳动生产率。不能完整地回答你的问题，但是中短期欧洲没有什么太大的问题，长期来看需要解决这些问题，也有可能像有人说的，最后走向法西斯主义。

后　记

经过一段时间的紧张筹备和编辑,《华大讲堂 2012》终于和读者见面了。

全书内容系根据专家演讲的录音整理而成,保留了口语化深入浅出的表述方式,把专家的思想和见解娓娓道来,让人犹如亲临讲堂。同时,通过每场报告会上互动环节的内容,再现专家与现场听众的智慧交流、思想碰撞,能让大家一窥专家学者的风采和魅力,激发思考,启迪思维。

本书能够顺利出版,首先得益于各位专家学

者于百忙中拨冗审稿并授权；其次是得到社会科学文献出版社社长谢寿光教授的鼎力支持和宝贵指导，社会政法分社社长王绯和责任编辑曹长香尤付心力，谨此向他们致以最诚挚的谢意。同时，也要向关心和支持本书出版的泉州市和华侨大学的领导以及各界人士表示衷心的感谢。此外，还要向对专题讲座进行录制和整理、对文稿进行编排和校订等付出辛劳的华侨大学党委宣传部的工作人员表示感谢。

需要说明的是，本书的讲稿是根据录音整理而成，从口语到书面语言转化的过程中，难免存在疏漏和错谬之处，祈望读者海涵赐谅并予批评指正。

期待今后有更多的人能够走进"华大讲堂"，愿读者能够喜欢本书并有所收获。

编　者

2013 年 10 月

图书在版编目(CIP)数据

华大讲堂.2012/陈庆宗,张禹东主编.—北京:社会科学文献出版社,2014.4
ISBN 978-7-5097-5341-5

Ⅰ.①华… Ⅱ.①陈…②张… Ⅲ.①社会科学-文集 Ⅳ.①C53

中国版本图书馆CIP数据核字(2013)第278660号

华大讲堂2012

主　　编 / 陈庆宗　张禹东
副 主 编 / 赵小波　王松柏　庄仁哲

出 版 人 / 谢寿光
出 版 者 / 社会科学文献出版社
地　　址 / 北京市西城区北三环中路甲29号院3号楼华龙大厦
邮政编码 / 100029

责任部门 / 社会政法分社(010)59367156	责任编辑 / 曹长香	
电子信箱 / shekebu@ssap.cn	责任校对 / 岳书云	
项目统筹 / 王　绯	责任印制 / 岳　阳	

经　　销 / 社会科学文献出版社市场营销中心(010)59367081　59367089
读者服务 / 读者服务中心(010)59367028

印　　装 / 北京季蜂印刷有限公司
开　　本 / 787mm×1092mm　1/16
版　　次 / 2014年4月第1版　　　　　　　　　　　印　张 / 16.5
印　　次 / 2014年4月第1次印刷　　　　　　　　彩插印张 / 0.5
书　　号 / ISBN 978-7-5097-5341-5　　　　　　　字　数 / 192千字
定　　价 / 58.00元

本书如有破损、缺页、装订错误,请与本社读者服务中心联系更换
版权所有　翻印必究